RABEN MUTTER

Die ganze Wahrheit über das Mutterwerden und Muttersein

Die Figuren in diesem Buch sind weitgehend fiktiv, insbesondere Supermami und Annabelle. Jede Ähnlichkeit mit real existierenden Menschen ist zufällig und in keiner Weise gewollt. Aber ich kann nicht dafür garantieren, dass sich der eine oder die andere trotzdem mit einer Figur identifizieren kann oder muss.

Illustrationen: Kati Rickenbach
Lektorat: Miriam Seifert-Waibel, D-Hamburg
Gestaltung: Bon Bon Büro, D-Berlin
Druck und Bindung: Kösel GmbH & Co. KG, D-Altusried/Krugzell

ISBN 978-3-03774-021-7

www.rabenmutter.ch
www.katirickenbach.ch

WALDE + GRAF
www.waldegraf.ch

WALDE+GRAF

Für meine Familie

Nathalie Sassine-Hauptmann

RABEN MUTTER

Illustriert von
Kati Rickenbach

Die ganze Wahrheit über das Mutterwerden und Muttersein

Inhalt

In den Hauptrollen

Sie geht lieber shoppen als auf den Spielplatz. Das TV fungiert manchmal als Babysitter und das Essen kommt häufig aus der Packung. Von anderen Kindern ist sie genervt, von deren Müttern allerdings noch mehr. Trotz alledem ist sie sehr gerne Mutter – wenn auch hin und wieder RABENMUTTER.

DER MONSIEUR ist Rabenmutters grosse Liebe – selten weichgespült, manchmal Macho, immer von ganzem Herzen Vater.

LEON ist Rabenmutters GROSSER. Er ist fast sieben Jahre alt, viel korrekter als seine Mutter, er möchte später Polizischt werden. Seine zweijährige Schwester EMMA ist hingegen ein kleiner Wirbelsturm, nichts ist mehr vor ihr sicher, seit sie sich fortbewegen kann.

LA NONNA ist so italienisch wie Pasta al Pesto – herzensgut, nervig, gluckenhaft und trägt immer etwas dick auf. Zu ihrem grössten Bedauern hat sie der Rabenmutter weder ihre Liebe zum Kochen noch ihren Putzfimmel vererbt.

SUPERMAMI ist weder Freundin noch Bekannte, sie ist Nachbarin und Arschlochmutter par excellence: unerträglich perfekt, besserwisserisch und missionarisch veranlagt. Ihr Sohn Attila ist genau so, wie sein Name vermuten lässt: Wo er war, wächst kein Gras mehr.

ANNABELLE, Rabenmutters kinderlose Freundin, zeigt ihr immer wieder auf, wie das Leben auch sein könnte. Der Beweis, dass es auch immer besser wäre, steht noch aus.

DU BIST EINE RABENMUTTER

wenn du die Kinder der Grossmutter bringst und ihr nicht sagst, dass sie a) nicht geschlafen haben oder b) noch gestern Abend Fieber hatten.

Muttersein im 21. Jahrhundert

Was zeichnet eine moderne Mutter heute aus? Dass sie zumindest Teilzeit arbeitet? Dass sie wenigstens ein Jahr stillt? Dass sie unter anderem ins Baby-Yoga geht? Ich bin mir sicher: In jedem Freundeskreis gibt es mindestens eine Mutter, die nichts von alldem macht – und trotzdem eine moderne Mutter ist.

Den richtigen Weg zu finden ist für uns heutige Mütter nicht einfach. Unsere Grossmütter wussten genau, was sie zu tun hatten: hübsch aussehen, heiraten, Nachwuchs bekommen, Kinder und Mann umsorgen. Punkt. Dank dem Feminismus haben wir heute in vielen Bereichen die Wahl – und die entsprechende Qual. Bin ich eine gute Mutter, wenn ich zu Hause bleibe, oder lebe ich damit meinen Kindern ein falsches Rollenbild vor? Wird es meinen Kindern an Sozialkompetenz mangeln, wenn sie nicht früh genug – oder gar überhaupt nicht – in die Krippe gehen? Bin ich seltsam, wenn ich mein Kind lange stillen will? Oder eine Rabenmutter, wenn gar nicht? Kaiserschnitt oder Hausgeburt? Mit oder ohne PDA? Nuggi: ja oder nein? ...

Wer regelt diese Fragen? Das Patriarchat, wie eingefleischte Feministinnen sagen würden? Nein, das hält sich bestenfalls raus, schlimmstenfalls beharrt es auf den Gewohnheiten der Grossväter. Politik? Wirtschaft? Auch, aber nur aus einem offensichtlichen gesellschaftlichen Bedürfnis heraus. Die schlimmsten Kontrolleure sind wir Mütter selbst! Bevor das Kind geboren ist, wühlen wir uns durch sämtliche Ratgeber und spielen Polizist mit Blick auf die eigene Zukunft. Sobald das Geburtserlebnis überstanden ist, demonstrieren wir, intuitiv alles besser zu wissen – in der Hoffnung, dass keiner merkt, wie unsicher wir sind.

Mütter sind wahlweise Waschmaschinen oder Snackautomaten.

Das Leben als Mutter ist, wenn wir ganz ehrlich sind, nicht immer nur rosarot. Auch wenn uns die Werbung das weismachen will. Die Mutter von heute wird uns als lieb, zuvorkommend und vor allem als stets glücklich vermittelt. Das Produkt ist vollkommen austauschbar: ob Schokolade, Brotaufstrich, Waschmittel oder Raumduft – immer sehen wir strahlende Mütter, die ihre Erfüllung darin sehen, Gestank und Flecken zu entfernen oder Hunger und Gelüste zu stillen. Wir sind sozusagen wahlweise Waschmaschinen oder Snackautomaten. Während wir echten Mütter diese Frauen bewundernd betrachten, bleibt uns das Grinsen im Hals stecken.

Wer sagt denn, dass eine Mutter immer glücklich zu sein hat? Kein Vater hätte den Anspruch, immer happy zu sein. Schon gar nicht, wenn es darum geht, zu kochen, zu putzen, einzukaufen, 50-mal täglich dieselben Sätze zu wiederholen – und all das mit mindestens einem Kind auf dem Arm oder am Bein hängend. Wir schon. Selbst schuld! Würden wir endlich beginnen, Unsicherheiten und Schwierigkeiten offen einzugestehen, so könnten wir Mütter alle voneinander profitieren und ehrlich Erfahrungen austauschen. Dann gäbe es kein „Ach mein Attila ist so aufgeweckt!“, sondern ein ehrliches „Herrgott, der Balg nervt mich heute!“. Und es würde nicht heissen: „Mein Kind ist eben wählerisch ...“, sondern: „Die kleine Pestbeule isst aber auch gar nichts!“ Dies sind die Geschichten einer Mutter des 21. Jahrhunderts, die ihre beiden Kinder über alles liebt. Und trotzdem kann ich weder immer lächeln, noch bin ich immer zufrieden – und schon gar nicht immer glücklich. Aber eins auf jeden Fall: immer ehrlich

Mutterwerden ist nicht schwer?

Die Leserin Mitte dreissig wird das Problem wahrscheinlich kennen: Nun hast du all die Jahre studiert, Ausbildungen gemacht, dein Leben gelebt und mehr oder weniger gutes Geld verdient. Und jetzt vernimmst du ein immer lauter werdendes Ticken. Diese verdammte biologische Uhr! Ticktack, ticktack ... Aus irgendwelchen Gründen scheint das Leben, das du bisher geführt hast, ohne Kinder keinen Sinn mehr zu machen. Es hilft alles nichts, ein Kind muss her. Man kann dir alles Mögliche vor Augen halten: dass Kinder deinen Schlaf rauben, deine Brüste der Schwerkraft nicht mehr standhalten werden und du NOCH weniger Sex haben wirst. Du schlägst alle Warnungen in den Wind und stürzt dich in das Abenteuer Kinderkriegen.

Und schon merkst du, dass die Vorbereitung darauf gar nicht so anders ist als dein bisheriges Bestreben, nämlich eben KEINE Kinder zu kriegen. Ob du nun mit Temperaturmessen und Urintest verhütest oder den Eisprung zu ermitteln suchst – der Vorgang ist derselbe: Du hängst allmorgendlich mit dem Thermometer im Mund über der Schüssel und versuchst mit deinem Morgenurin das Stäbchen zu treffen. Dieses steckst du danach gleich in das Apparätchen und trägst deine Temperatur in eine Tabelle ein. All das versuchst du natürlich möglichst diskret zu meistern, schliesslich ist Kinderkriegen schon unsexy genug. Dein Mann muss von deinen morgendlichen Turnübungen über der Klobrille nichts wissen. Ganz zufällig gibst du dich einfach an bestimmten Tagen unglaublich verführerisch ...

Damit ist es aber heutzutage noch lange nicht getan. Dafür weiss man mittlerweile einfach zu viel über die vermeintlich optimalen Empfängnisbedingungen – vor allem, wenn man schon ein Kind hat. Du machst also alles richtig: Nach dem Sex bleibst du liegen und gehst trotz fast explodierender Blase erst Stunden später auf die Toilette. Du hast dir sogar schon bei der Missionarsstellung diskret ein Kissen unter den Po geschoben. Und sowieso kommt für dich nur noch diese Stellung in Frage, alles andere wäre nicht zeugungsfördernd (ich glaube, dieses Wort lasse ich patentieren).

Für dich kommt nur noch die Missionarsstellung in Frage, alles andere wäre nicht zeugungsfördernd.

DU machst vielleicht alles richtig, aber beim Kinderzeugen bist du ja nicht alleine. Und was macht der zukünftige Papa? Ja, klar: Er macht wie immer alles falsch!

Er trägt zu enge Hosen. Er badet jeden Abend. Heiss. Er fährt Mountainbike. Oft. Und man weiss bei ihm nie, ob er es sich doch noch anders überlegen wird mit der Babyproduktion. Also hilfst du etwas nach: Du überzeugst ihn davon, dass ihm der Baggy-Pants-Look hervorragend steht, obwohl es dich graust, ihn wie einen alternden Hobby-Homie rumlaufen zu sehen. Du spülst bergeweise Geschirr, damit das heisse Wasser abends schnell ausgeht und er sein potentielles Familienglück nicht überhitzt. Das Mountainbikefahren kannst du ihm leider beim besten Willen nicht abgewöhnen, aber du überredest ihn, so oft es geht, zu Hause zu bleiben. Vor allem, wenn du gerade an diesem Wochenende Eisprung hast. Und zu guter Letzt beendest du ein Date mit deinen Freundinnen vor Mitternacht, damit du den Vater in spe noch wach erwischst.

Und dann, ein paar Wochen später ... Tataaa! Zwei Striche. Nach der ersten Begeisterung kommen nun möglicherweise sofort die ersten Bedenken: Will ich denn wirklich ein Baby? Kann ich den Anforderungen gerecht werden? Eine Schwangerschaft in meinem Alter, geht das gut? Steh ich das durch, all die schlaflosen Nächte mit schreiendem Kind? Halte ich das aus, die Angst, das Baby könnte im Schlaf aufhören zu atmen? Will ich wirklich jahrelang Windeln wechseln? ... Und all diese Fragen stellen sich beim zweiten Kind umso mehr, schliesslich weisst du nun wirklich, wovon du redest.

Meine Antwort damals: Ja, will ich! Denn dank meinem Sohn Leon wusste ich, was mich infolge der Anstrengung erwarten würde: ein Baby, das nach dem Trinken friedlich in meinen Armen schläft. Das erste Lächeln. Das erste „Mama“. Die ersten Schritte. All diese kleinen Etappen, die aus deinem Baby einen kleinen Erdenbürger machen, der immer selbständiger wird und einen eigenen Charakter entwickelt.

O ja, ich war mir angesichts dieser beiden Striche auf dem Schwangerschaftstest ganz sicher! Und dann wurde mir schlecht

Schwangerschaftstortur

Wie so viele Schwangere vor mir dachte natürlich auch ich, eine Schwangerschaft sei keine Krankheit – was im Prinzip ja auch richtig ist. Ich ging davon aus, ich müsse einfach in mich hineinhören, mich selbst spüren (ja, als Schwangere neigt man zur Esoterik), neun Monate einen Gang runterschalten. Ich freute mich auf eine Aneinanderreihung von Fussmassagen, warmen Bädern und leckeren Tees. Und dann würde s c h w u p s ! mein Baby kommen. Ein Spaziergang sozusagen. Dies war ja schliesslich auch schon meine zweite Schwangerschaft, ich wusste also, wie es läuft. Die aufmerksame Leserin ahnt es schon: Irrtum! Die zweite Schwangerschaft war komplett anders als die erste. Meine ersten neun Monate mit Baby im Bauch waren kurz gesagt total easy-peasy im Vergleich zu DEM hier! Diese Schwangerschaft bescherte mir eine Reihe von Nebenwirkungen, die mir beim ersten Mal erspart geblieben waren:

ÜBELKEIT, die entgegen landläufiger Meinung keineswegs nur morgens auftaucht. Dieses Gefühl, sich unmittelbar übergeben zu müssen, packte mich morgens beim Pinkeln, mittags beim Kochen, vor meinem Computer, auf offener Strasse – und ja, auch beim Sex. Der fiel folglich beinahe ganz aus.

Anders als beim ersten Mal, als ich meinen BAUCH rausstrecken musste, um als Schwangere wahrgenommen zu werden, fühlte ich mich diesmal vierundzwanzig Stunden nach Entdeckung des zweiten Teststrichs so dick wie ein gestrandeter Wal, der von Greenpeace gerettet werden muss. Mein Bauch wölbte sich nach vorn wie nach fünf Wochen Kohlsuppendiät, die dazugehörigen Blähungen liessen ebenfalls nicht auf sich warten – und die Ente in mir kam mit einem beginnenden Watschelgang zum Vorschein. Was ich für die grösste modische Sünde des 20. Jahrhunderts halte – Leggings –, erschien mir plötzlich ganz passabel und meine Highheels flogen in hohem Bogen in den Keller. Ich war ex-trem schwanger!

WASSEREINLAGERUNGEN UND DEHNUNGSSTREIFEN
Stellt euch eine Wurst vor, bei der die Pelle zu prall gefüllt wird. Das ist nicht nur das Gefühl, das einen im Verlaufe der Schwangerschaft überkommt, so siehst du nach ein paar Monaten auch aus! Ich hatte gelesen, dass Dehnungsstreifen erblich bedingt sind. Da meine Mutter keine hat – und ich in der ersten Schwangerschaft davon verschont geblieben war –, blieb ich cool. Ich ging davon aus, dass (wenigstens) dieser Kelch an mir vorüberziehen würde. Tat er nicht. Eines morgens waren sie da. Zu allem Übel lagerte sich im letzten Drittel der Schwangerschaft auch noch so viel Wasser in den Beinen ein, dass ich schlagartig keine Knöchel mehr hatte. Das Wasser ging immerhin wieder, die Streifen blieben ...

Das Wasser ging, die Streifen blieben.

DURCHGEDREHTE HORMONE, dank denen du den Unterschied zwischen Ironie und Beleidigung nicht mehr erkennst und bei jedem kleinen Witz (besonders über deinen Zustand) anfängst zu heulen. Bereits die Frage „Junge oder Mädchen?“ beschert dir einen Nervenzusammenbruch, im Verlaufe dessen du schluchzend antwortest: „Hauptsache gesund!“ Denn plötzlich erfasst dich die totale Panik, schliesslich bist du nicht mehr die Jüngste, und das Risiko, ein nicht gesundes Kind gezeugt zu haben, ist bedeutend höher als bei der letzten Schwangerschaft.

MORSCHE ZÄHNE. Echt eklig. Irgendeine Bauernweisheit besagt, dass eine Mutter pro Kind einen Zahn hergibt. Weil mein Sohn diesbezüglich nett zu mir gewesen war, verlor ich während der neun Monate Tochter-in-Uterus zwei Zähne! Die Kleine griff sich offensichtlich alles Kalzium, das sie kriegen konnte – und mein Gebiss glich einem thailändischen Bootssteg.

Mit den HAAREN ist es genau umgekehrt: Während meiner Schwangerschaften hätte ich locker für eine Shampoo-Werbung gecastet werden können. Volles, dichtes Haar, das bei jedem Wetter glänzte. Nach der Schwangerschaft: Das einzige Casting, das ich dann noch gewonnen hätte, wäre das der Hexe in HÄNSEL UND GRETEL gewesen. Die Haare fielen mir büschelweise aus, waren total stumpf, kurz: Bad Hair Days waren für mich an der Tagesordnung.

Schmerzen hatte ich natürlich nicht immer, aber an diversen Stellen: Zähne, Rücken, Füsse, Beine, Kopf. Sogar die Augen brannten manchmal oder die Nasenschleimhäute juckten. Und all das wegen eines einzelnen Spermiums, das meine Eizelle erfolgreich angemacht hatte.

Man merke also: Eine Schwangerschaft ist keinesfalls ein Spaziergang, die Hindernisse sind zahlreich, die Erdspalten gut getarnt. Eigentlich gleichen diese ersten neun Monate des Mutterseins (doch, ich finde schon, dass wir ab der Befruchtung bereits Mütter sind) eher einer CAMEL-TROPHY: Ungewiss ist, ob und wie man das Ziel erreichen wird. Sicher ist einzig die Dauer. Und die scheint mitunter sehr, sehr lange ...

... bis zu dem Tag (um den fünften Monat herum), an dem du dein Baby zum ersten Mal spürst. Wahnsinn! Anfangs ist diese Kontaktaufnahme so sachte, dass ich sie sicherlich verpasst hätte, wäre ich nicht gerade total erschöpft ins Bett gefallen. Für alle Noch-nicht-Mütter und werdenden Mütter, die diesen Moment herbeisehnen: Das fühlt sich an – und jetzt ist es vorbei mit der Romantik –, als wenn du in der Badewanne furzt. Genau so! Es blubbert leise, und du weisst, es ist DEIN Kind, das dir „Hallo!“ sagt. Tagelang habe ich dann versucht, die Hand des Monsieurs im richtigen Moment auf meinen Bauch zu zerren – vergeblich. Irgendwann hat's geklappt. Doch zu diesem Zeitpunkt war das Blubbern bereits zu handfestem Kickboxen mutiert. Es hätte mich nicht gewundert, wenn mir meine Tochter dabei eine Rippe gebrochen hätte!

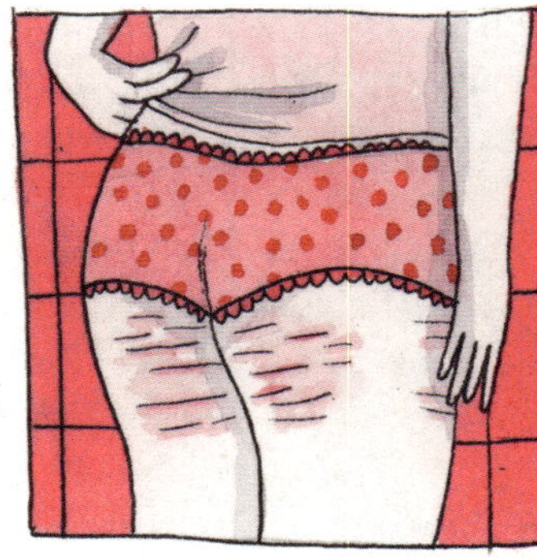

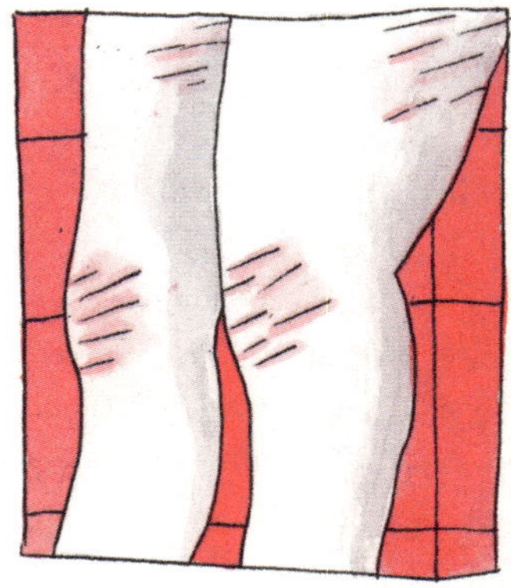

9 Monate brav sein

Fett, CO_2, Feinstaub, Zucker, Kaffee, Nikotin, Sonne. Na, klingelt es? Genau! Alles VERBOTEN! Nicht immer, aber mindestens während jener neun Monate. Kinderdiabetes, Fettsucht, chronische Depressionen und Herzkrankheiten entstehen nämlich, will man der Literatur Glauben schenken, bereits im Mutterbauch. Alles, was die schwangere Frau während ihrer Schwangerschaft tut, isst, raucht, einatmet und bewegt, wird das Leben ihres Kindes formen. Und zwar sein GANZES Leben! Beängstigend, nicht?

Wir konnten uns in den letzten vierzig Jahren mehr oder weniger mit den Männern einigen, dass sie uns gewisse Aufgaben abnehmen, sei es das Geschirrspülen, das Wickeln oder hin und wieder das Kochen. Doch das eine werden sie uns nie abnehmen können: Schwanger werden immer noch wir, die Zellteilung findet in unserem Bauch statt, also sind wir erst mal allein verantwortlich. Meine Damen, der Druck steigt.

Wir wissen längst, dass Nikotin und Alkohol unseren Ungeborenen schaden, weshalb die meisten von uns das Trinken und Rauchen während der Schwangerschaft lassen. Doch neue Studien zeigen auf, wie viele andere Umstände die Gesundheit des späteren Erwachsenen bereits im Uterus beeinträchtigen können. So sollen Babys von Frauen, die am 11. September 2001 nahe der TWIN TOWERS gestanden hatten, mit einem niedrigen Gehalt des stressregulierenden Hormons CORTISOL im Blut auf die Welt gekommen sein. Der Uterus ist also das allererste prägende Umfeld eines Menschen. Entsprechend werden manche Babys bereits im Bauch mit Mozart und Fremdsprachen beschallt, um ihre Entwicklung positiv zu beeinflussen. Schwierig wird es spätestens bei der Ernährung der Schwangeren: Auch der Fisch, den ich im sechsten Monat gegessen habe, kann einen lebenslangen negativen Einfluss auf die Gesundheit meines Kindes haben. Fisch ist an sich zwar gesund, nicht aber, wenn er zu viel Quecksilber enthält. Wer soll da noch den Überblick behalten?

Die wohlmeinende Ratgeberliteratur ist reines Öl ins Feuer der stressgeplagten Schwangeren.

Die konkreten Tipps, die einer Schwangeren gegeben werden, sind keine grosse Hilfe. Allem voran heisst es immer wieder: L e b e s t r e s s a r m ! Gerade aber diese ganzen Vorschriften und Ratschläge in der einschlägigen Literatur habe ich zumindest als extrem stressig empfunden. Ab dem Moment, wo der

Schwangerschaftstest die zwei blauen Striche anzeigt, wird jede Frau etwas neurotisch und fragt sich so oder so immer wieder, ob sie auch alles richtig macht. Die wohlmeinende Ratgeberliteratur ist da reines Öl ins Feuer.

Hinzu kommt, dass Schwangere schon längst im Visier der Gesellschaft sind. Jede Schwangere wird mindestens einmal mit einem Mitmenschen konfrontiert, der einen guten Rat auf Lager hat, der genau weiss, was uns und unserem Baby guttut. Meine erste derartige Begegnung hatte ich bei einem Apero. Völlig unvermittelt fragte mich eine mir vollkommen unbekannte Dame, ob ich denn nicht schwanger sei. Ihr Blick wanderte dabei von meinem Prosecco-Glas zu meinem Bauch und zurück. Angesichts meines beachtlichen Bauchumfangs konnte ihre Frage ganz offensichtlich nur rein rhetorischer Natur sein. Mein – zugegeben etwas maschinengewehrhaft – erwidertes „Doch, wieso?“ parierte sie mit einer weiteren Gegenfrage: „Du trinkst also öfter?“ Ich brauche hier wohl kaum zu erläutern, wohin ich ihr das Prosecco-Glas am liebsten gesteckt hätte.

An dieser Stelle ein Tipp von der Rabenmutter: Jede Schwangere soll und darf es so handhaben, wie sie es für richtig hält. Ihr Körper – und ihr Verstand – werden ihr schon sagen, ob sie übertreibt. Klingt viel esoterischer, als es ist. Kohl führt zu Blähungen, Alkohol zu Brechreiz, und zu viel Kaffee bringt dich um deinen wohlverdienten Schwangerschaftsschlaf. That's it

Haben Sie auch alkoholfreien Prosecco?
Sie meinen Traubensaft?

Werde ich eine gute MUTTER?

Als Schwangere kommst du nicht umhin, dich zu fragen, ob du eine gute Mutter sein wirst. Den ersten positiven Test in der Hand, erinnerte ich mich an mein erstes (und bis zum ersten Kind letztes) Mal, als ich Verantwortung für jemand anderen zu tragen hatte. Er hiess FIPSY – und war ein Meerschweinchen. Ihn hatte ich unbedingt, ganz dringend, sofort haben wollen, als ich acht Jahre alt wurde. An den Grund für dieses Bedürfnis nach einem Haustier kann ich mich nicht erinnern, wahrscheinlich hatte eine Freundin gerade ein Kaninchen zu Weihnachten bekommen oder so ähnlich. Auf jeden Fall versprach ich meinen Eltern hoch und heilig, mich wirklich jeden Tag um das Tier zu kümmern. Das Ende vom Lied: Wäre meine Mutter nicht gewesen, hätte das Fellknäuel wohl keinen Monat überlebt. Ich vergass mit erschreckender Regelmässigkeit, ihn zu füttern, ihm Wasser zu geben, und seine Kiste habe ich in der ganzen Zeit vielleicht zehnmal geputzt – er (über-)lebte immerhin acht Jahre!

Darf man ein Baby auch mit Chips und Rotwein ernähren?

Unweigerlich kamen mir also im ersten Schwangerschaftsmonat Zweifel an meinen Fähigkeiten als zukünftige Mutter. Man liest ja auch immer wieder von Eltern, die ihre Kinder im Auto vergessen oder an der Tankstelle stehen lassen. Was, wenn ich einmal keine Zeit haben werde einzukaufen? Darf man ein Baby dann auch mit Chips und Rotwein ernähren? Was wäre die Alternative zu Windeln, sollten mal keine mehr da und ich zu faul sein, welche zu besorgen?

Wie oft habe ich mich während der neun Monate – und auch danach – gefragt, wie meine Mutter als Mutter war/ist und ob ich sein möchte wie sie. Ich war ein glückliches Kind, mir fehlte es an nichts, der Liebe meiner Eltern war ich mir immer sicher. Doch wollte ich deswegen so werden wie sie? Sie wird das jetzt nicht gerne lesen, aber meine impulsive Antwort auf diese Frage lautet nach wie vor: „Nein!“ (Jawohl, mit Ausrufezeichen.) Ich hatte nie den Anspruch, eine Bilderbuchmutter wie sie zu sein. Plätzchenbacken und Bastelarbeiten sind nicht mein Ding, das wusste ich von Anfang an.

Ich hatte mir klare Ziele gesetzt: Ich wollte eine coole, gelassene und tolerante Mum sein! Eine Mutter, die ihre Kinder nicht anschreien muss, um respektiert zu werden. Eine, die keine Drohungen ausspricht, damit das Kinderzimmer aufgeräumt wird, und vor allem eine, die Spass mit ihren Kindern hat, statt sich zu wünschen, der Spielplatz wäre nie erfunden worden. Ich wollte auf jeden Fall vermeiden, meine Kinder zu sehr zu beschützen, meine eigenen Ängste auf sie zu übertragen. Auch wollte ich ihnen nie im Leben Vorschriften machen, wie sie sich anzuziehen hätten, geschweige denn, dass ich mich unterschwellig über ihren Charakter lustig machen würde.

Natürlich kam alles anders. Ja, ich mache mich manchmal über ihre Macken lustig und ich mache dem Grossen sehr wohl Vorschriften, welches Styling geht und welches nicht. Zudem sage – oder schreie – ich Dinge, von denen ich mir geschworen hatte, dass sie nie über meine Lippen kommen würden, etwa: „Die Kinder in Afrika wären froh, deine Bohnen essen zu dürfen!“ Na, das ging ja wohl gründlich in die Hose ... aber was soll's: Meine Kinder lieben mich trotzdem. Meistens

MUTTER, DIE ICH SEIN WOLLTE

DIE REALITÄT

Waaaaas iiiiist?!?!
UÄÄÄÄÄÄH!!!

**DU BIST EINE
RABENMUTTER**

wenn du nur deinen Kindern die schrumpeligen Früchte anbietest. Wenn sie sie nicht essen, wirst du sie zu Saft verarbeiten, einem Erwachsenen kannst du so was ja nicht zumuten.

Unbeschreiblich!

Ich bin selbst schuld, schon klar. Nach einer ersten Geburt, bei der ich keine einzige Wehe hatte und schliesslich ein Kaiserschnitt nötig war, um meinen Sohn endlich kennenzulernen, wollte ich meine Tochter unbedingt unter Schmerzen auf natürlichem Wege zur Welt bringen, wie Milliarden Frauen vor mir. Ich freute mich allen Ernstes darauf, zu röhren wie ein Hirsch und dem Monsieur Gemeinheiten an den Kopf zu werfen. (Wann bekommt man sonst die Gelegenheit, dies ungestraft zu tun?) Doch ich muss zugeben: Damit hatte ich nicht gerechnet. Wehen heissen nicht umsonst so. Sie tun weh. Unbeschreiblich sogar. Interessanterweise tut man ja gegen Ende der Schwangerschaft alles, um diese Schmerzen endlich zu haben. Nicht nur Ratgeber und Hebammen, auch die gesamte Verwandtschaft und einige Freunde liefern Tipps, wie die Wehen ausgelöst werden können. Meine Lieblingsratschläge:

ZIMT.

Die Vorweihnachtszeit hatte gerade begonnen, also dachte ich mir, ich verbinde das Unangenehme mit dem Leckeren, und kaufte mir kiloweise Zimtsterne. Nachdem ich fast alle verputzt hatte, fing ich aus Trägheit an, die Zutatenliste zu studieren – und musste feststellen, dass gerade mal zwei Prozent Zimt enthalten sind, dafür fast fünfzig Prozent Zucker. Wehen bekam ich keine, dafür hatte ich satte zwei Kilo mehr auf den Rippen.

WEIN.

Nachdem eine Freundin von mir einige Tage überfällig war, empfahl ihr die Hebamme, sie solle sich doch etwas Wein gönnen, das würde entspannen. Grosse Freude kam auf: Sie wollte sich ordentlich einen antrinken. Leichte Übung nach neun Monaten weitgehender Abstinenz: Ein halbes Glas Rotwein, und sie hing lallend und kichernd auf dem Sofa. Glücklicherweise löste der Wein zwar ihre Anspannung, nicht aber die Wehen aus. Betrunken zur Geburt: Das hatte sich die Hebamme bestimmt anders vorgestellt!

SEX.

Hmmm. Lust hätte ich schon gehabt, gleichzeitig hatte ich aber auch Angst, dem Baby ein Trauma zu verpassen – schliesslich konnte es doch offenbar meine Stimme hören. Was würde es wohl von mir denken, wenn ich gewisse Geräusche von mir geben würde? Möglicherweise doch eher ein Grund, drinbleiben zu wollen?

Wehen heissen nicht umsonst so.

Meine ganz eigene Wunderwaffe: SHOPPING – der ultimative Wehenauslöser. Auch die Geburt meines Sohnes hatte ich auf diese Art eingeleitet. Also lautete die Devise am Ende des neunten Monats: Einkaufen, was das Zeug hält – das lässt sich immerhin auch gut mit dem sagenumwobenen Nestbautrieb verbinden. Glücklicherweise schaffte ich es gerade noch aus dem schwedischen

Einrichtungshaus hinaus und hinein ins Auto, wo meine Fruchtblase das Zeitliche segnete. Etwas länger, und ich hätte meine Tochter EKTORP nennen müssen. Leicht panisch machte ich mich auf den Heimweg, als der Himmel seine Schleusen öffnete und einen derartigen Hagelsturm auf mein Auto niederliess, dass ich gezwungen war, am Strassenrand zu warten, bis das Schlimmste vorbei war – in der Erwartung, dass mein Kind nun also hier das Licht der Welt (beziehungsweise die Unterseite des Lenkrades) erblicken würde.

So weit kam es nicht. Leider auch nicht zur gewünschten Spontangeburt. Nach einigen Stunden heftigster Wehen (ja, dieses Privileg hatte ich diesmal) stellte meine Hebamme, wie bereits vier Jahre zuvor, einen Geburtsstillstand fest. So kam auch meine Tochter per Kaiserschnitt zur Welt. Die Tränen der Enttäuschung über den Geburtsverlauf wurden abgelöst von Tränen der Freude, kaum war die Kleine da. Unsere wunderschöne Tochter studierte uns mit derart intensivem Blick, als wollte sie sichergehen, dass sie sich die richtigen Eltern ausgesucht hatte. Und unser Gefühl dabei war genau wie beim ersten Mal: unbeschreiblich

UAA UAAH AHH

Das SCHÖNste Kind der Welt

Schrumpelgesicht. Das war früher oftmals mein erster Gedanke, wenn ich ein Neugeborenes sah. Wie ein Apfel, der etwas zu lange in der Früchteschale liegen geblieben ist. Für das ungeübte Auge gleicht ein Säugling dem anderen. Wie tumbe Europäer einen Japaner nicht von einem Thailänder unterscheiden können. Für die Fälle, in denen sich ein solches Neugeborenes doch einmal hervorhob – und zwar nicht im positiven Sinne –, ich also beim besten Willen nicht sagen konnte: „Ach, ist der süss!“, entwickelte ich zur Schonung der Eltern eine Taktik, dann behauptete ich einfach: „Der ist dir wie aus dem Gesicht geschnitten!“ Da Eltern ihre Kinder sowieso schön finden, ist auch niemand beleidigt.

Bei unseren eigenen Kindern war natürlich wieder einmal alles anders. Sie waren vom Tag ihrer Geburt an wirklich wunderschön! Wir schauten unsere Kleinen stundenlang an und fanden sie einfach anders als andere Babys – es gab offensichtlich doch hübsche Säuglinge. Nämlich unsere. Das wurde uns auch seitens der Grosseltern völlig objektiv – wie sie beteuerten – versichert. Ihre Enkel waren aussergewöhnlich schön geraten. Netterweise fragten meine Eltern des Öfteren, wie wir das denn geschafft hätten.

Bei Annabelle hingegen hielt sich die Begeisterung sichtlich in Grenzen. Rückblickend erkenne ich, dass sie genau so dreinschaute wie ich, bevor ich eigene Kinder hatte. Sie sagte: „Ja, er ist wirklich süss.“ Ihre Augen jedoch gestanden: „Na ja, ein alter Apfel halt.“ Nun bin ich jemand, der Fehler sehr wohl eingestehen kann und seine Meinung revidiert, wenn es sein muss. Noch heute kann ich angesichts der ersten Bilder von unserer Tochter sagen, dass sie wirklich besonders hübsch gewesen ist für ein Neugeborenes. Sie war weder verschrumpelt, noch war etwas an ihr besonders flachgedrückt. Ihre Augen strahlten von Anfang an offen, neugierig auf ihre neue Welt. Unser Sohn hingegen ...

Sie sagte: „Ja, er ist wirklich süss.“ Ihre Augen jedoch gestanden: „Na ja, ein alter Apfel halt.“

Beim Aufräumen fielen mir dann eines Tages Babybilder in die Finger. Ich erschrak regelrecht und zuckte mental zusammen ob dieses affenähnlichen, verschrumpelten Babygesichts, das mir da entgegenblickte. Hätte mir die Hebamme vor der Geburt diese Bilder gezeigt, hätte ich meinen Sohn vielleicht eher auf eine EXPEDITION INS TIERREICH mit GRZIMEK geschickt, als ihn mit nach Hause zu nehmen. Bis hierhin waren wir überzeugt, er sei – ganz objektiv – aussergewöhnlich hübsch, aber nun musste ich feststellen, dass er doch einfach ein faltiger kleiner Junge war, dem man eben ansah, dass er einige Monate auf sehr engem Raum mit feuchtem Klima gelebt hatte. Die Neugeborenenakne, die er kurz nach der Geburt bekam, trug auch nicht unbedingt positiv zu seinem Look bei. Für Monsieur ist er immer noch der hübscheste Junge überhaupt, ich scheine da etwas objektiver zu sein.

Liebe macht bekanntlich blind: Unsere Kinder könnten bucklig sein, Haare im Gesicht haben – wir wären trotzdem verrückt nach ihnen. Und das ist auch richtig so!

Komödie in vier Akten

Wenn ich zurückblicke auf meine zweite Schwangerschaft, frage ich mich manchmal schon, welcher Teufel den lieben Gott geritten hat, als er beschloss, nur uns Frauen dieses Privileg zu geben. Das Privileg geschwollener Füsse, unschöner Schwangerschaftsstreifen, nächtlicher Heisshungerattacken, dauerhafter Blähungen und unabsichtlicher Rülpser. Irgendwie hatte er an jenem Tag wohl eine Art männliches PMS und liess es an Eva aus. An dem Tag, als er sich überlegt hat, was denn wiederum eine junge Mutter (und jung ist hier gemeint im Sinne von frischgebacken!) für ein Leben haben sollte, muss er hingegen betrunken und/oder bekifft gewesen sein. Er muss sich gesagt haben: „Mach aus einer Tragödie – der Schwangerschaft – eine Komödie!" Eine rabenschwarze Komödie in vier Akten.

ERSTER AKT: DIE BRÜSTE

Wem DOLLY PARTON oder PAMELA ANDERSON in Sachen Oberweite ein Vorbild sind, wird sich auf Schwangerschaft und vor allem Stillzeit freuen. Die Brüste schwellen in einem unglaublichen Tempo an, sie sind prall, rund und saftig. Ein wirklich tolles Gefühl, sobald die anfänglichen Schmerzen einmal abgeklungen sind. Die erstaunten Blicke der Arbeitskolleginnen und die meist schmeichelhaften von Männern verkraftet man gut, man fühlt sich schön.

Wenn das Baby jedoch da ist, sind diese sexy Zeiten endgültig vorbei. So prall die Brüste während der Schwangerschaft anmuten, so sabberig fühlt sich das Ganze während der Stillzeit an. Wer hätte gedacht, dass ein Mensch allein so viel Flüssigkeit produzieren kann? Auf die Gefahr hin, genauso eklig zu klingen wie CHARLOTTE ROCHE in FEUCHTGEBIETE: Nach der Schwangerschaft sabberst du den ganzen Tag aus allen möglichen Körperöffnungen. Wehe, du vergisst eine dieser Stilleinlagen! Dann siehst du nämlich aus, als ob du angeschossen worden wärst. Und wenn du gerade dachtest, du hättest alle Lecks mit Binden und Stilleinlagen geschlossen, schafft es dein Baby allein durch sein Schreien, dass die Dämme im Brustbereich brechen. Unmengen von Milch versuchen sich den Weg zum hungrigen Kind zu bahnen. Da ist nichts mehr sexy, deine Brüste sind einfach nur noch Tanksäulen, die bei Bedarf angezapft werden können und, wenn der Hunger gestillt ist, noch leise vor sich hin tröpfeln. Und wehe, dein Mann wagt es, auch noch etwas von ihnen zu wollen. Das überlebt er unter Umständen nicht!

Es gibt aber auch Babys, die nicht von Anfang an an der Brust saugen können, sei dies aus anatomischen Gründen oder weil sie einfach noch zu schwach sind. Diese Mütter lernen bald die Freuden einer Milchpumpe kennen. Das saugende und schmatzende Geräusch erinnert vielleicht noch schwach an Töne, die dein Baby von sich geben könnte, wenn es selbst an der Brust tränke. Das Gefühl, an einer Milchpumpe angeschlossen zu sein, ist derweil ein ganz anderes: Baumelnde Riesenmöpse hängen an transparenten Glocken, die so stark an den Nippeln saugen, dass Frau nicht selten

Sterne sieht. Solange diese Tortur im Krankenhaus betrieben wird, kommen ausserdem dauernd irgendwelche Krankenschwestern, Physiotherapeutinnen und Ärzte unangemeldet zur Tür rein und erwarten ernsthaft, dass du ihnen aufmerksam zuhörst, während sie so tun, als wäre es das Normalste der Welt, dass sie dich in diesem Zustand sehen.

Wenn du das alles überstanden hast, mit deinem Kind nach Hause durftest und das Glück hast, einigermassen stillen zu können, kommt der ultimative Horror: das Nuckeln, Saugen, Zerren an deinen immer wunder werdenden Brustwarzen. Ganz zu schweigen von dem Tag, an dem die ersten Zähnchen durchbrechen. Aber irgendwann geht auch das vorbei, und du wirst dich später, wie bei so vielen anderen Dingen, nur an die schönen und friedlichen Aspekte erinnern. Oder du stillst gar nicht erst und hast von Anfang an Ruhe. Ein Schoppen kennt nun mal keinen Schmerz ...

ZWEITER AKT: DER GEIST

Von dem Tag an, an dem dir die blauen Striche des Tests bestätigen, dass du schwanger bist, wirst du zusehends *blöder*. Die organisierte, kluge Frau, die du vor dieser wunderbaren Zellteilung warst, ist Vergangenheit. Ab heute bist du nur noch zerstreut und vergesslich, manchmal wirkst du richtiggehend beschränkt. Im Volksmund nennen wir diesen Zustand *schwangerblöd*. Das lässt darauf schliessen, dass dieser Zustand lediglich neun Monate andauert und sich danach so schnell verflüchtigt, wie er aufgetaucht ist. Irrtum! (Spätestens jetzt solltest du gemerkt haben, dass das meiste, was du vorher geglaubt hast, so nicht eintreffen wird. Gib es also auf!) Ab sofort bist du zwar nicht mehr schwangerblöd, dafür aber stillblöd. Dein Baby saugt dir nicht nur wichtige Nährstoffe, Minerale und Vitamine aus deiner Brust, es fühlt sich auch noch an, als würde es dein Hirn anzapfen. Und du merkst es nicht einmal – der Stilldemenz sei Dank!

Von dem Tag an, an dem dir die blauen Striche des Tests bestätigen, dass du schwanger bist, wirst du zusehends blöder.

Deine Freunde sehen dich plötzlich mit diesem Blick an, einer Mischung aus Herablassung und Wohlwollen, gewürzt mit einer Prise *Du kannst ja nichts dafür*, weil du auf einmal nicht mehr weisst, wie der Amerikaner heisst, der seit über dreissig Jahren Filme über neurotische New Yorker dreht und Hypochonder ist. „Ihr wisst schon, der jüdische

Regisseur, der immer tolle Casts zusammenstellt. Himmel, er hat eine Brille, ist klein und hässlich!" – „Meinst du etwa WOODY ALLEN?" – „Genau!" Mit einem tiefen Seufzer gehst du zur Tagesordnung über, und deine Freunde schütteln ungläubig ihre Köpfe.

Es ist auf einmal überhaupt schwierig, ein vernünftiges Gespräch unter Erwachsenen zu führen. Da sehnt man sich den lieben langen Tag nach einem Menschen, der mehr mit einem teilt als seinen Speichel und sonstige Flüssigkeiten. Wenn man dann aber die Gelegenheit hätte, mit einem solchen zu reden, fällt einem nichts anderes ein, als über besagte Körperflüssigkeiten zu diskutieren. Ich habe noch nie im Leben so viel über Fäkalien referiert wie in den ersten paar Monaten als Mutter. Die Tatsache, dass einem währenddessen dauernd die Augen zufallen, ist auch nicht besonders gesprächsfördernd. Es gab Zeiten, da war ich so müde, dass ich auf dem Klo die Augen schloss und wegtrat. Oder ich musste morgens nach dem Aufstehen vor lauter Müdigkeit erbrechen – und bekam panische Angst, wieder schwanger zu sein ... Deshalb bewundere ich Frauen zutiefst, die bereits nach wenigen Monaten Mutterschaft wieder in ihren Beruf einsteigen. Dass sie es schaffen, einer geregelten Arbeit nachzugehen und ihre Jobs bei all der Verblödung und Müdigkeit auch noch zu behalten, ist in meinen Augen eine Meisterleistung. Ich konnte erst nach Ende der Stillzeit wieder klar denken – mit der Einschränkung, dass sich meine Hirnzellen nie wieder von diesem Schock erholt haben.

DRITTER AKT: UNTENRUM

Oje, wo soll ich anfangen? Vielleicht bei der Frage: Wieso sagt einem das keiner? Klar weiss eine schwangere Frau, dass es bei einer natürlichen Geburt eventuell einen Dammriss oder -schnitt geben kann. (Hebammen empfehlen schliesslich auch mit Nachdruck die Damm-Massage, die selbigen dehnen soll, damit er nicht reisst. Keine meiner Freundinnen hatte Erfolg damit. Nicht eine.) Aber niemand sagt einem, was es heisst, da unten genäht zu werden und den Heilungsprozess zu überstehen. Mit dem dämlichen Hämorrhoidenkissen ist es nämlich noch lange nicht getan! Was nützt mir das Kissen, wenn ich nach neun Monaten Verstopfung auf die Toilette muss? Ich möchte nicht weiter ins Detail gehen, sondern nur sagen: Nichts!

Nun könnte man denken, dass ein Kaiserschnitt wie Ferien sein muss im Vergleich zu einer heilenden Dammnaht. Schon wieder: Irrtum! Ohne jetzt auf die vielen verschiedenen Gründe für oder gegen einen Kaiserschnitt eingehen zu wollen – auch hier haben wir am Ende eine Narbe, die heilen muss. Einmal abgesehen von der Falte, die der Bauch über der Narbe ab sofort und für immer (!) bilden wird, fühlt sich die Naht nach der Geburt so unfertig an, als hätte der Arzt vergessen, am Ende einen grossen Knoten in den Faden zu knüpfen. „Das muss doch sofort wieder aufgehen, wenn ich mich bewege!", denkt sich da die hormonbeduselte Mutter. Nicht zu vergessen, dass der schwangere Bauch ja nicht von einem Tag auf den anderen verschwindet, sondern weiterhin auf die Naht drückt. Fazit:

Die Vermeidung einer Dammnaht ist nicht Grund genug, einen Kaiserschnitt in Betracht zu ziehen. Fisch wie Vogel.

VIERTER AKT: SEX

Der kürzeste Akt. Sex gibt es nach einer Geburt nämlich vorerst einmal gar nicht. Unter keinen Umständen. Wieso das so ist? Na, aus all den obengenannten Gründen: Die Brüste schmerzen, das Hirn braucht Ruhe (denn nein, meine Herren, wir schalten unseres beim Sex eben nicht aus), der Körper sehnt sich nach Schlaf, und eventuelle Narben könnten beim Geschlechtsverkehr schlicht und einfach reissen. So, Thema ein für allemal abgehakt.

Wenn dein Kind seine erste Kerze auf dem Kuchen ausbläst und du immer noch keine Lust hast, bei deinem Mann dasselbe zu tun, dann würde ich allerdings schleunigst etwas dagegen unternehmen. Ein Glas Prosecco hilft. Und falls du immer noch stillst, ist dieses auch gut für die Milchbildung. Prost!

Sau(g)stress

Unter den vielen Fragen, die sich eine werdende Mutter stellt, ist die Frage „Stillen: ja oder nein?“ mit die schwierigste. Dank stillfreundlicher Krankenhäuser und Stillverbänden ist die Entscheidung für das Nichtstillen verpönt. Mit einem Ja zum Stillen ist es aber auch nicht getan. Sofort ergeben sich weitere Fragen: Wie lange? Ausschliesslich? Nach Rhythmus oder Bedarf? Der heutige Stillzwang und die damit verbundene Wissenschaft erzeugen einen unglaublichen Druck. Sie lösen eher Angst vor dem Stillen aus, als dass sie einen ermutigen. Was uns als himmlischer, natürlicher Zustand verkauft wird, der vor inniger Zweisamkeit und Gesundheit nur so strotzt, sieht in der Realität oft ganz anders aus: Die Mehrheit der Mütter versucht am Anfang zu stillen, aber nur wenige stillen ihr Kind in den ersten sechs Monaten ausschliesslich. Wieso eigentlich?

Vielleicht bringt sie die Enttäuschung darüber, dass es nicht auf Anhieb klappt, dazu, es lieber ganz zu lassen. Oder es geht schlicht und ergreifend nicht. Ich habe eine Freundin, die wenige Tage nach der Geburt mit einer Brustentzündung wieder ins Krankenhaus musste, wo man trotz ihres hohen Fiebers und grässlicher Schmerzen insistierte, sie solle nicht aufgeben und es weiterhin versuchen. Noch heute denkt sie, sie habe versagt, als sie Tage danach eben doch a u f g a b. Eine andere Freundin glaubt noch heute, eine schlechte Mutter zu sein, weil sie damals aufgehört hat zu stillen. Sie konnte das Rauchen nicht lassen und hat sich deswegen für Pulvermilch entschieden. Dass man diesen Frauen einreden will, ihre Kinder seien schlechter dran als gestillte, ist eine Frechheit! Dann müssten die Kinder der Siebzigerjahre – in denen Stillen unpopulär war – eine ausserordentlich bemitleidenswerte, ungeliebte (Stillen fördert die Verbindung zwischen Mutter und Kind), übergewichtige, von Allergien geplagte Generation darstellen. Es wäre interessant, das mal zu erforschen ...

Das einzig Wichtige ist doch zu sehen, wie dein Kind trinkt, friedlich einschläft und gedeiht. Egal, woher die Milch kommt.

Ich hatte mich für das Stillen entschieden – und konnte glücklicherweise beide Kinder problemlos stillen. Ich hätte aber auch nicht lange rumgefackelt, wenn es nicht geklappt hätte. Wer jetzt glaubt, ich sei deshalb offiziell eine gute Mutter, der wird enttäuscht: Ich habe meine beiden Kinder nur je fünf Monate gestillt. Wieso? Weil ich obenerwähnte Punkte (Schmerzen, Müdigkeit, Abhängigkeit) einfach satthatte. Das würde ich gegenüber Supermami natürlich nie zugeben, denn für sie hätte ich dann genauso gut gar nicht erst zu stillen brauchen. Alles unter sechs Monaten gilt nicht, sozusagen.

Können wir nicht einfach froh sein, dass es verschiedene Möglichkeiten gibt und Babys auf alle Arten satt werden können? Das einzig Wichtige ist doch zu sehen, wie dein Kind trinkt, friedlich einschläft und gedeiht. Egal, woher die Milch kommt

Die KILLERfrage

Der Monsieur und ich pflegten gleich nach der Geburt unserer Kinder die klassische Rollenaufteilung: Er verdiente die Brötchen, ich kümmerte mich um Kind und Küche. Ich hatte mich sehr auf diese Zeit gefreut, alleine zu Hause mit meinem Baby, ein bisschen Haushalt, gemütliche Spaziergänge und g a a a n z viel schmusen ... Worauf ich gar nicht vorbereitet war, ist das Phänomen, dass die Tage mit einem Säugling viel kürzer sind als vorher. In den zwei Stunden, in denen ich früher die gesamte Wohnung gestaubsaugt, die Böden gewischt, Küche und Badezimmer geputzt und sogar zwei Zigarettenpausen eingelegt hatte, schaffte ich als frischgebackene Mutter gerade mal Folgendes: den Staubsauger aus dem Putzschrank zu holen. Der lag dann den halben Tag da, um mich daran zu erinnern, was ich morgens eigentlich vorgehabt hatte. Irgendwie kam dauernd etwas dazwischen: eine volle Windel, ein hungriges Baby, ein nasser Body oder die Freundin, bei der ich mich rechtfertigen musste, wieso ich so selten anrief.

Was passiert mit der Zeit, wenn man einen Säugling zu Hause hat? Gibt es wie in MOMO graue Männer, die einem die Stunden stehlen? Die Tage gingen vorüber wie im Flug. Kein Putzen, keine Wäsche, keine Spaziergänge, nur wenig Schmusen. Wenn ich wirklich einmal aus dem Haus musste (was ich oft bewusst vermied, weil es mir zu kompliziert war), dann schaffte ich das selten vor Mittag – oder ich verschob den Termin gleich ganz, weil Emma zum geplanten Zeitpunkt schlief und man ein Baby bekanntlich nie wecken sollte. (Ich bin ja nicht blöd!)

Erschwerend kommt hinzu, dass jeder, der schon ältere Kinder hat, einem nahelegt, man solle diese Zeit geniessen, sie gehe so schnell vorbei. Ja, wie denn, bitte schön? Und was gibt es da denn genau zu geniessen? Das endlose Stillen? (Ein Baby trinkt anfangs alle zwei bis drei Stunden, Dauer: mindestens dreissig Minuten. Schon die Nahrungsaufnahme des neuen Erdenbürgers kostet einen demnach bis zu sechs Stunden pro Tag!) Hinzu kommen rund anderthalb Stunden Wickeln und durchschnittlich eine halbe Stunde Spazierengehen (in meinem Fall nur bei trockenem Wetter und angenehmen Temperaturen). Fazit: Bei der nur rudimentären Säuglingsbetreuung gehen täglich bereits acht Stunden drauf! Ein Arbeitstag, sozusagen.

Rudimentäre Säuglingsbetreuung kostet acht Stunden täglich. Ein Arbeitstag.

Entsprechend gross war der Frust, wenn der brötchenverdienende, krawattierte und immer noch gutriechende Monsieur nach Hause kam und mich (noch im Pyjama, ungewaschen und mit Babykotze auf der Schulter) fragte: „Na, was hast du heute gemacht?“ – „Nicht viel, aber in einer Minute werde ich dich erwürgen!“, lag als Antwort nicht drin. Das war auch mir klar. Nach einem langen Tag, an dem ich nichts Offensichtliches geschafft hatte, streute solch eine – wenn auch gutgemeinte – Frage jedoch Salz in die Wunde. Jede Erklärung, wieso der Staubsauger seit zwei Tagen im Korridor liegt und du aussiehst, als kämst du gerade aus dem Bett, ist müssig. Sie wird immer nach Rechtfertigung klingen. Und ich hatte die klassische Rollenverteilung nicht gewählt, um mich dann rechtfertigen zu müssen! Also erfand ich lange Spaziergänge, angefangene Artikel oder unerwarteten Besuch, für den ich noch schnell ein Mittagessen gezaubert hatte.

An dieser Stelle ein Aufruf an alle frischgebackenen Väter: Bitte, fragt eure Frauen nicht, was sie den ganzen Tag getan haben. Begnügt euch mit einer Umarmung und einem Kompliment über ihr Aussehen – auch wenn's im Zweifelsfall ein falsches ist. Vielleicht ist das das Geheimrezept für ein harmonisches Miteinander in den ersten paar Monaten mit einem Säugling: Papa und Mama müssen sich gegenseitig anlügen, damit alle über die Runden kommen

AJAX
AJAX
cif
cream
DRINK
COFFEE

DU BIST EINE RABENMUTTER

wenn du trotz zahlreicher Warnungen deine
bisphenolhaltigen Flaschen nicht wegwerfen magst,
sie im Geschirrspüler wäschst und
die Milch nach wie vor in der Mikrowelle erhitzt.

Schläft es durch?

Wie für vieles andere auch brachte ich als Kinderlose überhaupt kein Verständnis für Kinder auf, die nicht schlafen wollten. Ein Rätsel waren mir auch Säuglinge, die scheinbar grundlos nicht durchschliefen. Ich dachte allen Ernstes, das müsse an den Eltern liegen, weil sie ein zu grosses Aufhebens machten, anstatt die Kinder schlicht und einfach zu disziplinieren.

Unser erstes Kind gab mir sogar recht, und so dachte ich weitere viereinhalb Jahre, wir seien tolle, coole Eltern, weil unser Sohn gut schlief und nie Probleme machte, wenn er ins Bett musste. Wir hatten Freunde, da stieg die Lautstärke an, je näher die Bettzeit kam, und wenn die Kinder dann in den Federn lagen, wurde nur noch geheult und geschrien. Ein Albtraum. Aber eben, das musste doch an den Eltern liegen. Bei uns ging's ja auch!

Dann kam Emma. Anfangs schien sie schlaftechnisch noch einfacher zu handhaben als Leon. Sie schlief schon mit fünf Monaten durch, machte einen ausgedehnten Mittagsschlaf und ging offensichtlich gerne ins Bett – bis wir in unser neues Haus zogen. Unsere Tochter wachte plötzlich bis zu siebenmal pro Nacht auf und wollte alternierend Musik hören, Schoppen trinken, die Windeln gewechselt haben oder schlicht und einfach nicht mehr schlafen. Was war passiert? Wir waren doch immer noch die coolen Eltern, die keinen Stress kannten, wenn ihre Kinder ins Bett mussten! Was machten wir auf einmal falsch?

Die klugen Kommentare von Arbeitskollegen und sonstigen Bekannten machten es wie immer auch nicht besser. Eltern kommen ja nicht umhin, jedem die gefürchtete Frage „Und, schläft es durch?" beantworten zu müssen. Und wenn man aussieht, als hätte man gerade drei Freinächte hinter sich, kann man auch nicht glaubhaft lügen. Von „Lasst sie sich allein in den Schlaf weinen" über „Nehmt sie zu euch ins Bett" bis zu „Wenn du täglich mit ihr rausgehst, ist sie nachts müde" haben wir alles gehört. Und auch versucht.

Disziplin ist die Lösung, dachten wir beide und liessen sie eines Nachts einfach weinen. Eine Dreiviertelstunde lang! Nicht, dass sie nach dieser Zeit aufgehört hätte – ich hielt es einfach nicht mehr aus und musste zu ihr. Wer schon mal sein Baby so lange hat schreien lassen, weiss, was für Höllenqualen das sind. Auch wenn du weisst, dass es deinem Kind zumindest körperlich gutgeht, ist es kaum auszuhalten, dein eigen Fleisch und Blut so lange weinen zu hören.

Also versuchten wir, sie zu uns ins Bett zu nehmen. Doch das machte sie erst recht quietschfidel! Sie turnte auf uns rum, als wären wir eine Hüpfburg. An Schlaf war nicht zu denken. Ich musste mich wohl damit abfinden, dass es wieder einmal meine Schuld war, wenn unser

Kind nicht schlief: Ich ging schliesslich nicht jeden Tag mit ihr spazieren, nicht einmal jeden zweiten Tag. Wofür hatten wir denn einen Garten? Ich liess sie mehrmals am Tag raus, reichte das etwa nicht? (Ich weiss, das klingt jetzt, als wäre meine Tochter ein Hund, ganz so schlimm war es aber nicht.) Natürlich gab es Tage, an denen sie nicht im Garten spielen konnte: Wenn es regnete, wenn es zu heiss war, wenn es kalt war, wenn es windete ... Und an solchen Tagen dachte ich erst recht nicht daran, spazieren zu gehen, das versteht sich ja wohl von selbst!

Egal was wir versuchten, die schlaflosen Nächte blieben den ganzen Frühling, Sommer, bis in den Herbst. Unsere Augenringe mutierten zu Augensäcken, die Laune befand sich in meiner neuen Waschküche im Keller, und unsere Ehe war entschieden gefährdet. Jede Nacht machte Emma uns die Hölle heiss, und jede Nacht musste ich dem Impuls widerstehen, einfach OROPAX in die Ohren zu stecken. Der Monsieur und ich schliefen nur noch getrennt, einer im Gästezimmer, der andere im Ehebett, damit wenigstens einer von beiden morgens ausgeruht war. Und wenn ich diejenige im Gästezimmer war, plagte mich das schlechte Gewissen, weil er doch am nächsten Morgen aufstehen und arbeiten gehen musste. (Mittlerweile weiss ich jedoch, dass ein Arbeitstag weit weniger anstrengend ist als ein Tag mit den nicht ausgeschlafenen Kindern. Damit das auch mal gesagt ist.) Morgens schlief die Kleine nach solchen Nächten zwar immer etwas länger, doch nützte mir das nichts, schliesslich haben wir noch einen Grossen, der pünktlich in die Schule muss.

Aus den Augenringen wurden Augensäcke, die Laune befand sich in meiner neuen Waschküche im Keller, und unsere Ehe war entschieden gefährdet.

Als die Bäume ihre Blätter verloren, verlor meine Tochter offensichtlich auch das Interesse daran, uns nachts wach zu halten. Einfach so. Und wir wurden wieder cool. Einigermassen. Denn seither befürchte ich immer noch jeden Abend, sie könnte plötzlich wieder an Schlaflosigkeit leiden. Also liege ich wach und höre auf jedes noch so kleine Geräusch, während meine ganze Familie um mich ruhig schlummert.

„Und, schläft sie durch?“ – „Sie schon, aber ich nicht.“

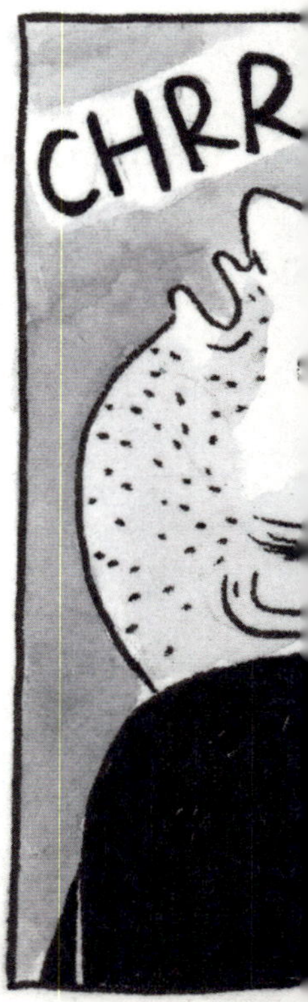

103 Nächte

103 Nächte

Schlafentzug ist Frauensache

Wer steht nachts bei euch auf, wenn das Baby sich meldet? Ohne euch zu kennen, gehe ich eine Wette ein, dass es in drei Viertel der Fälle die Mütter sind. Richtig? Eben! Begründung? Die Väter müssen am nächsten Tag meist arbeiten und brauchen ihren Schlaf. Interessant, nicht? Brauchen Mütter, die mit den Kindern zu Hause sind, ihren Schlaf nicht? Haben wir den ganzen Tag Zeit, uns von den nächtlichen Strapazen auszuruhen, können wir etwa einfach die Kinder in die Ecke stellen und uns hinlegen? Ganz zu schweigen von den Müttern, die bereits nach vier Monaten Babypause beruflich wieder einsteigen und irgendwie nicht den besten Eindruck hinterlassen, wenn sie in jeder Sitzung einschlafen.

Diesbezüglich hatte ich schon mehrere Diskussionen mit diversen Männern. Der Tenor lautet: Wir Frauen würden einfach mehr aushalten und seien eher für die Schlafentzugsfolter geschaffen. Was vordergründig wie ein Kompliment klingt, das uns Frauen unerwartet zum starken Geschlecht macht, ist in Wahrheit eine faule Ausrede von Vätern, die ihre Verantwortung an der Bettkante abgegeben haben. Sie argumentieren vielleicht sogar damit, dass sie abends schon den Esstisch abgeräumt und die Kinder ins Bett gebracht haben. Und dann müsse schliesslich auch mal Feierabend sein für die nächsten zehn Stunden.

Witzig ist, dass die Forschung (in der zum grössten Teil Männer zu sitzen scheinen) ebenfalls ein interessantes Argument für die weibliche Schlafentzugsordnung parat hat: Beim Stillen würden gewisse Hormone ausgeschüttet, dank derer wir Mütter von Natur aus weniger Schlaf bräuchten. Wie praktisch! Von diesen Theorien halte ich persönlich so viel wie von jener zum Abnehmen während des Stillens: alles Quatsch!

Was wie ein Kompliment klingt, das uns Frauen unerwartet zum starken Geschlecht macht, ist in Wahrheit eine faule Ausrede von Vätern, die ihre Verantwortung an der Bettkante abgegeben haben.

Für alle die, die noch keine Kinder haben und sich welche wünschen: Vereinbart klare Regeln, wie ihr die nächtlichen Fütterungen handhaben wollt. Flaschenkinder sind so gesehen eine Erleichterung für die Organisation. Stillende Mütter haben keine Wahl, die jungen Väter übernehmen in dem Fall aber gefälligst die Morgenschicht. Wenn ihr diese Fragen nicht von Anfang an regeln könnt, vergesst das Kinderkriegen mit diesem Mann. Es wird nämlich mit der wachsenden Verantwortung nicht besser – und am Ende schmeisst ihr den Laden alleine

Die lieben Grosseltern

Grosseltern sind grossartig! Das mal vorneweg. Ohne sie wäre bei mir nichts mehr gelaufen. Ich hätte nicht wieder arbeiten können, meine Haare hätten nie wieder einen Coiffeur gesehen und an ein Eheleben wäre erst recht nicht wieder zu denken gewesen. Also erst einmal: Danke!

Trotzdem (das Aber musste ja kommen ...) ist dies ein heikles Thema. Denn 1. die Grosseltern meiner Kinder werden diesen Text lesen; 2. auch wenn sie grossartig sind, war es nicht immer nur rosig mit ihnen; 3. ich weiss nicht, ob ich auch mal so werde; 4. ich will nicht unbedingt so werden!

Unsere Eltern empfanden sich eigentlich als zu jung, um Grossmutter und -vater zu werden. Geschweige denn konnten sie sich vorstellen, so genannt zu werden. Meiner Mutter widerstrebte aber auch das italienische Nonna sehr: „Das klingt mir zu sehr nach buckliger alter sizilianischer Witwe, die über die heutige Jugend wettert." Natürlich war auch in diesem Punkt alles anders, sobald der Kleine da war. Als Leon, 70 Zentimeter über Boden, zum ersten Mal „Nonna" sagte, schmolz ebendiese dahin. Damit hatte ich auch irgendwie gerechnet, schliesslich mag meine Mutter Kinder sehr.

Womit ich nicht gerechnet hatte, war der Umstand, dass ich plötzlich keine Privatsphäre mehr haben sollte. Ehrlicherweise muss ich sagen, dass vor allem die Grossmütter irgendwie durchdrehten. Das übliche Kind-an-sich-Reissen war noch das Geringste, das ich über mich ergehen lassen musste. Davon hatten wir von anderen gehört und unsere Mütter sogar weitgehend darüber informiert, was wir dulden würden und was nicht. Dennoch begann der Wahnsinn bereits an Tag eins nach der Geburt. Die Grossväter waren relativ angenehm. Sie beschränkten sich darauf, sich einen anzusaufen und so den ersten Enkel zu feiern. Die Grossmütter hingegen liessen kein Fettnäpfchen aus: Irgendwie hatte ich es wohl unterlassen zu erwähnen, dass meine Brüste in Sachen Erste Hilfe eine Tabuzone darstellen, auch wenn das Baby nicht sofort trinken will. Auch hatte ich versäumt klarzustellen, dass eine Szene mit dem Exmann am Wochenbett nicht auf meine Wunschliste gehört – oder dass ich keine wildfremden Menschen im Krankenhaus sehen will, die den Kleinen bewundern möchten.

Der Wahnsinn begann an Tag eins nach der Geburt.

Womit ich auch nicht gerechnet hatte, war, dass wir frischgebackenen Eltern nicht mehr als Erwachsene wahrgenommen werden würden. Plötzlich wurden wir – die wir jahrelang bei unseren Eltern unsere Anerkennung als Erwachsene erkämpft hatten – wieder zu Kindern degradiert, die man ermahnen muss, damit sie alles richtig machen: „Zieh ihn warm an, es ist kalt draussen.“ (Ach so, Badehose ist im Januar wohl nichts?) „Schau, dass er sich in der Krippe wohl fühlt!“ (Ist mir doch egal, ich sehe ihn ja nicht!) Oder auch: „Schäm dich, dass dein Kind so jung schon den Tisch abräumen muss!“ (Stimmt, es ist viel besser, erst mit dreiundzwanzig zu Hause auszuziehen und nicht zu wissen, dass man weisse Unterwäsche nicht zusammen mit roten Socken wäscht!)

Meine Kinder dürfen zu viel / zu wenig Süsses essen, den Nuggi zu lange / zu wenig lang behalten oder sind eben zu sehr / zu wenig verwöhnt, je nachdem, wen man fragt. Grundsätzlich sind die Enkel für die Grossmütter eher arm dran, die Grossväter hingegen finden, wir seien zu nachgiebig. Mit den Jahren ändern sich die Reibungspunkte, verschwinden tun sie nicht. So sehr sich Grosseltern über den Nachwuchs freuen, sie können die unterschwelligen, kleinen Bemerkungen nicht lassen, die uns zu verstehen geben, dass wir etwas besser machen könnten. Sollten. Müssten.

Liebe Grosseltern, da ihr uns grossgezogen habt und daher davon ausgehen dürft, dass wir gut gelungen sind, habt doch bitte etwas Vertrauen, dass wir es auch ohne eure hilfreichen Tipps schaffen. Ohne euch hingegen auf keinen Fall!

Diktatur der Natur

Ich wuchs mit einer Mutter auf, für die es selbstverständlich war, nicht zu stillen. Vom ersten Tag an erhielt ich die Flasche und gedieh prächtig. Mütter in den Siebzigern hatten zu hart für die Gleichberechtigung gekämpft, als dass sie sich von solchen biologischen Offensichtlichkeiten wie dem Stillen ihre Freiheit hätten nehmen lassen. Als ich zum ersten Mal schwanger wurde, war für mich hingegen klar, dass ich stillen würde. Darüber hinaus überlegte ich mir allen Ernstes, ob wir nicht Stoffwindeln benutzen sollten. Ich lebte ja nicht hinter dem Mond und wusste, woher (ungefähr) die Klimaerwärmung rührt. Nebst Stoffwindeln zog ich ausserdem selbst eingekochtes Biogemüse, Tragetuch und Aromatherapie in Erwägung. Damit lag ich alles in allem voll im Trend.

Spätestens nach der Geburt fiel mir auf, wie sehr uns der Schlachtruf „Zurück zur Natur“ wieder an den Herd bindet. Stoffwindeln bedeuten viel mehr Hausarbeit: Sie müssen gewaschen und aufgehängt werden (nein, für den Wäschetrockner eignen sie sich nicht) – und die Krippen akzeptieren diese Wickelvariante wohl kaum. Biogemüse selbst zu Brei zu verarbeiten ist mühsam, teuer – und nachweislich nicht einmal unbedingt gesünder als Gläschenkost. Auch das sogenannte Attachment Parenting, das predigt, man solle sein Baby vierundzwanzig Stunden am Tag mit sich rumtragen, trägt nicht gerade viel dazu bei, sich von Haus und Herd zu lösen und gar einer regelmässigen Erwerbstätigkeit nachzugehen. Ganz zu schweigen von den gesundheitlichen Folgen für den mütterlichen Rücken. Aber diese Aufopferung macht aus uns Frauen doch erst perfekte Mütter, oder etwa nicht?

Mütter brauchen keine Gesellschaft, die ihnen mit erhobenem Zeigefinger ein schlechtes Gewissen einredet.

Das Ideal der Übermutter, das wir – zumindest bis die Realität Einzug hält – so erstrebenswert finden, nährt das permanent schlechte Gewissen all derer, die trotz Kind weiterleben wollen; all derer, die keine Lust haben, ihre Tage nur noch in der Küche oder auf dem Spielplatz zu verbringen, die eben nicht zurückwollen – auch nicht zur Natur.

Daran, dass Stillen natürlich ist, gibt es nichts zu rütteln. Aber ist es auch unbedingt notwendig? Vielzitierte Studien wollen belegen, dass es auch für die Psyche des Kindes das Beste ist – so wie die andauernde Präsenz der Mutter, die dem Kind helfen soll, zu einem selbstbewussten und gesunden Menschen heranzuwachsen. Oft wird mit den Naturvölkern argumentiert, die ja auch keine Kinderwagen oder Kinderkrippen kennen. Doch wir leben in einer modernen Welt. Ich habe ein Smartphone und einen FACEBOOK-Account, bin meistens mit dem Auto unterwegs und benutze die Mikrowelle. Ich sehe nicht ein, wieso ich mich künstlich darum reissen soll, auf die uns gegebenen Annehmlichkeiten zu verzichten. Und ja, ich habe nicht auf natürlichem Weg entbunden, sondern hatte zwei Kaiserschnitte. Ich habe mich nicht freiwillig dafür entschieden, im Nachhinein bin ich aber sehr froh darüber, denn meine Kinder gäbe es sonst nicht. Was also spricht gegen Fortschritt?

Gegen unsere eigene Erwartungshaltung und die der Gesellschaft, die uns die Natur als einzige Wahrheit anpreist, sollten wir unsere Selbstbestimmung, unser eigenes Leben und auch die Beziehung zu unseren Kindern setzen. Wir sollten uns überlegen, wieso wir uns – entgegen all der Freiheiten, die unsere Mütter erkämpft haben – wieder so bevormunden und einschränken lassen, auch von uns selbst. Mütter brauchen keine Gesellschaft, die ihnen mit erhobenem Zeigefinger ein schlechtes Gewissen einredet. Sie bräuchten einfach mal jemanden, der ihnen sagt: „Tu einfach dein Bestes!" Denn das ist meistens gut genug

ACHTUNG, Ernährungspolizei!

Es gibt immer wieder Menschen, die wissen, was richtig und was falsch ist – und dies auch kundtun. In Zeiten des Internets verbreitet sich dieses Syndrom mit Lichtgeschwindigkeit, und wir Mütter bleiben natürlich nicht verschont. In meinem Blog lese ich oft Kommentare, in denen Mütter anderen Müttern sagen, was besser für sie und ihr Kind wäre. Dieses Phänomen tritt nicht nur im Internet auf, auch das nächste Umfeld weiss gerne Rat, so auch in der Ernährungsfrage. Supermami beispielsweise ist jemand, die sich einmischt. Immer. Etwa wenn sie das Gefühl hat, ein Kind auf dem Spielplatz esse einen ungesunden Zvieri. Sie schaut nicht weg, sondern gibt der fehlbaren Mutter (in diesem Falle mir) zu verstehen, dass sie ihrem Sohn mit Buttergipfel und Orangensaft schadet. Während sie das mit dem Selbstbewusstsein der aufklärenden Missionarin sagt, öffnet sie demonstrativ eine Box mit Apfelschnitzen drin – die ihr Sohn mit angewidertem Blick an sich reisst, um sie sogleich im Sandkasten zu verbuddeln. (Wofür er natürlich keine tadelnden Worte erntet, Kinder sind eben so ...)

Wie immer in solchen Situationen ist es mir zu doof, mich zu rechtfertigen. Also erkläre ich ihr nicht, dass ich den Zvieri bereitgelegt hatte (Vollkorncracker und Früchte, um eben genau solche Situationen zu vermeiden, denn ALLE anderen haben auch IMMER Vollkorncracker und Früchte dabei). Leider war ich aber zerstreut aus dem Haus gegangen – weil ich über einen Artikel nachgedacht hatte, den ich abends schreiben wollte – und hatte den Zvieri liegenlassen. Als ich es bemerkt hatte, war ich zu faul gewesen zurückzugehen und habe den besagten Snack im Quartierladen besorgt. So viel zur Vorgeschichte. Würde ich ihr das alles zu meiner Rechtfertigung erzählen, würde ich für meine Faulheit zu Lasten der Kinder nur den berühmten Tststs-Blick ernten, gefolgt von einem eifrigen „Mach doch eine Checkliste, dann passiert dir das nicht mehr!“ Ich lasse lieber ihre Gesundheitsapostel-Tirade über mich ergehen und hänge indes meinen Gedanken nach ...

Wir Mütter werden täglich mit diesem unsäglichen Thema Gesundheit konfrontiert. Unsäglich, weil wir es doch alle nicht mehr hören können. Wir wissen – nicht zuletzt, weil uns die Medien, Krippen und Schulen dauernd daran erinnern –, dass zu viel Zucker, Fett und Salz ungesund sind. Unsere Kinder bringen Broschüren vom Bundesamt für Gesundheit mit nach Hause, die beschreiben, welche Lebensmittel als Znüni erlaubt sind (die Artischocke war der Hammer!), und das Fernsehen kämpft mittels diverser Gesundheitssendungen gegen das in der westlichen Welt bei Jugendlichen grassierende Übergewicht. Studien gibt es zu diesem Thema so viele wie Sand am Meer, Interpretationen dieser gar noch mehr.

So kam beispielsweise das INSTITUTE

OF CHILD HEALTH 2010 zum Schluss, Kinder berufstätiger Frauen seien ungesünder als diejenigen von Hausfrauen. Erstere seien weniger aktiv und würden ungesundes Essen zu sich nehmen, weil ihre Mütter weniger Zeit hätten, sie zum Fussballtraining zu fahren oder Bioprodukte für sie zu kochen. Dazu kann ich nur sagen, dass ich, als ich noch Vollzeit zu Hause war, genauso wenig bio – oder überhaupt nur selbst – gekocht habe wie jetzt, wo ich wieder arbeite. Ja, bei uns zu Hause gibt es mittags öfter Convenience Food. Nicht zuletzt, weil meine Kinder Fisch am liebsten in Stäbchenform und Kartoffeln gerne als Brei essen. Wozu gibt sich die Babynahrungsindustrie denn so viel Mühe, gesunde Gläschen für unsere Kinder zu produzieren? (Dass der Geldbeutel darunter leidet, ist wohl die gerechte Strafe für uns Rabenmütter, die wir nicht selbst kochen wollen.)

Ernährungsinstinkt? Klar habe ich den, aber die Nahrung darf gerne auch mal aus der Tiefkühltruhe kommen! Kochen ist für mich Stress. Ich habe es nie richtig gelernt, und das Scheitern in der Küche bringt mich auf die Palme. Verkohlter Risotto, angebranntes Gemüse und fade Saucen sind bei mir an der Tagesordnung. Also greife ich gerne zwischendurch – o.k., vielleicht die Hälfte der Zeit – auf Schinkengipfeli, Pommes frites oder Spinat aus der Tiefkühltruhe zurück. Meine Kinder sind trotzdem weder kränklich noch übergewichtig. Vielmehr sind sie froh, wenn ich nicht in der Küche meine Supermami-Fähigkeiten beweisen will und schliesslich übellaunig scheitere.

Natürlich ist aber auch mir klar, dass wir uns nicht nur von Junkfood ernähren können und dass frisches Obst und Gemüse allemal besser ist als Schokoriegel ... Mir geht es darum, den gesellschaftlichen Druck zu thematisieren, der auf uns Müttern – und eben nur auf uns Müttern – lastet. Kann es keinen gesunden Mittelweg geben? Die Supermamis dieser Welt (und dazu zähle ich fast alle, die es je gewagt haben, meine Fähigkeiten als Mutter anzuzweifeln) wetteifern um die neuesten Biokostrezepte, die sie dann ihren Kindern vorsetzen. Sie klopfen sich gegenseitig auf die Schulter, wenn sie wieder mal zwei Stunden in der Küche gestanden haben, um dem Jüngsten einen Kichererbsenbrei zu zaubern, den dieser danach unter den Tisch pappt. Kinder sind undankbar. All die Mühe, die sich Mütter machen, um ihre Kinder gesund und möglichst selbstgemacht zu ernähren, endet doch meist damit, dass sich der Nachwuchs zum Geburtstag eine MCDONALD'S-Party wünscht. Da nützen auch keine Ernährungs- und Kochgurus wie JAMIE OLIVER. So sehr er in den letzten Jahren für Herd-Jungfrauen zum Gott mit Olivenölflasche und Knoblauchpresse mutiert ist, so kläglich ist er bei den Kids in England mit seinem Versuch gescheitert, ihnen gesunde Ernährung nahezubringen.*

All die Mühe, die sich Mütter machen, um ihre Kinder gesund und selbstgemacht zu ernähren, endet doch meist damit, dass sich der Nachwuchs zum Geburtstag eine McDonald's-Party wünscht.

Und wie das immer ist mit Expertenmeinungen, Studien und besserwisserischen Spielplatzmüttern: Man sucht sich am Schluss aus der Fülle widersprüchlicher Konzepte einfach das, was einem am meisten entspricht. Bei mir sind es die Thesen von UDO POLLMER, Autor von ESST ENDLICH NORMAL! und Leiter des EUROPÄISCHEN INSTITUTES FÜR LEBENSMITTEL- UND ERNÄHRUNGSWISSENSCHAFTEN. Er predigt lustvolles Essen und ist überzeugt, dass ein gewisser Körperbau angeboren ist. Und der könne auch mittels gesunder Ernährung nicht geändert werden. Alles, was man über gesunde Ernährung zu wissen glaubte, wird von seinen Thesen in der Luft zerrissen. Entsprechend unbeliebt ist Pollmer bei vielen Ärzten und Gesundheitsexperten. Umso beliebter bei Frau Sassine. Die Ernährungspolizei muss ohne mich ihre Runden ziehen

*JAMIE'S SCHOOL DINNERS war eine vierteilige Dokumentarreihe, die in Grossbritannien übertragen wurde. In der Serie versuchte Jamie Oliver, die Qualität und den Nährwert des Schulessens an einer typischen britischen Schule zu verbessern. Daraus resultierte die ausgedehnte Kampagne FEED ME BETTER. Doch weder Eltern noch Regierung unterstützten den Starkoch nachhaltig dabei, englische Schüler gesünder zu ernähren.

DU BIST EINE
RABENMUTTER

wenn du den Kindern abends mit reinem Gewissen Sandwiches machst, weil sie mittags in der Krippe oder Schule schliesslich schon gut gegessen haben.

Kinder VERBOTEN

Bei meinem ersten Kind erschrak ich ob der Tatsache, dass ich von der Gesellschaft als Frau nicht mehr wahrgenommen wurde. Ich war jetzt Mami – und zwar ausschliesslich. Auch die Werbung hatte davon Wind gekriegt, und ich erhielt tonnenweise Prospekte für Babykleider und Mode für Mollige. Ziemlich bald merkte ich, dass ich mir das nicht gefallen lassen wollte, und steuerte dagegen. Dazu gehört für mich auch die Weigerung, das MIGROS-Restaurant und den Kinderzoo als einzige Freizeitmöglichkeiten in Betracht zu ziehen. Wieso sollte ich auf Kultur und gute Gastronomie verzichten, bloss weil wir jetzt Nachwuchs hatten?

Doch im urbanen, szenigen Zürich gibt es immer öfter schöne Lokale und interessante Kulturstätten, die offen zugeben, Kinder seien nicht willkommen. Die Ruhe der Gäste soll nicht gestört werden – Eltern mit Kindern zählen offenbar nicht zu diesen Gästen ... „Unternehmerische Freiheit!“, brüllen die einen. „Skandal!“, empören sich die anderen. Recht haben beide. Tatsächlich fällt ein solches Verbot unter die unternehmerische Freiheit. Gegen Kinderverbote in In-Lokalen, Szene-Badis und sonstigen gemäss Experten kinderuntauglichen Orten gibt es eben keine Gesetze. In der Schweiz reicht offenbar der vorauseilende Gehorsam der Eltern, dass man selten Kinder an Orten trifft, die nicht eigens für Familien gedacht sind.

Was mich fast noch mehr schockiert als die Verbote an sich, sind die Reaktionen vieler Kinderloser. So meinte auch meine kinderlose Freundin, als ich mich nach einer weiteren schlaflosen Nacht übermüdet nach einem starken Kaffee sehnte, wir sollten lieber zu STARBUCKS gehen als in unser früheres Lieblingscafé. „Ich dachte, du boykottierst derartige Ketten!“, erwiderte ich erstaunt. „Schon, aber für Mütter mit Babys ist es eben besser“, meinte sie seelenruhig. Als Mutter sollte es also ab sofort selbstverständlich sein, dass ich meine alten Lokale zu vermeiden hatte. Und sie steht mit ihrer Meinung nicht alleine da. In zahlreichen Foren und Kommentaren zum Thema findet sich die Ermahnung, wir Eltern müssten halt für ein paar Jahre verzichten. Diese moderne Art, Kinder überallhin mitzunehmen, scheint viele coole, urbane Leute zu nerven. Natürlich bin auch nicht der Meinung, dass Kinder auf jede Vernissage, auf die sonst so ruhige Terrasse des szenigen Lieblingsrestaurants oder in die trendige Holzplanken-Badi gehören. Es dürfte dort auch für die Kinder hinreichend langweilig werden. Trotzdem bin ich überzeugt, dass Kinder dazugehören und es früh lernen dürfen – nein, müssen –, dass es auch andere Orte als McDonald's und das Kinderparadies im Einkaufszentrum gibt.

Ein Grossteil des Nachwuchses ist es heute gewohnt, mit den Eltern nur kinderfreundliche Orte zu besuchen – und kann sich entsprechend gar nicht mehr mit sich selbst beschäftigen. NINTENDO und Co. machten sich diesen Umstand zunutze: Heute sitzen die meisten Kinder unbeteiligt am Tisch und starren in diesen winzigen Bildschirm, während die Eltern ihre Ruhe haben. Bei kleineren Kindern sehen Mami und Papi zu, dass immer und überall eine Spielecke vorhanden ist, ein Fernseher mit Kinderprogramm oder gar eine Animation, die die Kleinen davon ablenken soll, wie laaaangweilig doch die Welt der Erwachsenen ist. Und sollten die Eltern doch mal entscheiden, sich an einen Ort zu begeben, der keinerlei Kinderunterhaltung bietet, so wird ein ganzes Arsenal an Spiel- und Malsachen mitgeschleppt, um die Kinder zu beschäftigen. Damit die Eltern Ruhe haben. Nur klappt das eben nie, weil entweder das PLAYMOBIL-Männchen nicht aufs Rössli passt oder der rote Filzstift nicht auffindbar ist. Dann müssen Mami und Papi helfen und ihr *ruhiges* Abendessen wird kalt.

In der Schweiz reicht offenbar der vorauseilende Gehorsam der Eltern, dass man selten Kinder an Orten trifft, die nicht eigens für Familien gedacht sind.

Die Ironie der Geschichte ist, dass diese Praxis der Kinderverbote – übrigens vielerorts der Einfachheit halber mit einem Kinderwagen-Verbotsschild gekennzeichnet – viele schöne Restaurants, in denen es eben nicht nur SchniPo gibt, mit sich ziehen wird. Eltern werden immer weniger Auswahl haben, um ihren Kindern etwas Gourmet-Flair und Restaurant-Knigge nahezubringen. Ganz zu schweigen von der Unmöglichkeit, meinem Nachwuchs etwas Kunstverständnis zu vermitteln, ohne dafür ins Kinderkonzert gehen zu müssen. Lautete nicht eine Forderung der Gesellschaft, dass wir bestrebt sein sollten, unsere Kinder gesund zu ernähren und kulturell zu fördern? Das macht uns ebenjene Gesellschaft zunehmend schwierig, wenn uns der Eintritt in die guten Restaurants und Kulturstätten verwehrt bleibt. Die eigens dafür geschaffenen Räume, die den Kleinen Kunst und Kultur näherbringen sollen, sind mit Sicherheit viel wert. Die Stimmung dort ist trotzdem dieselbe wie im Kinderparadies des Einkaufszentrums. Und die hat für mich wenig mit *Kultur* zu tun

Weisst du, er mag Musik schon sehr!
DC

Von kinderlosen und kinderfreien Freunden

Leon war gerade ein halbes Jahr alt, da warf mir Annabelle, meine kinderlose Freundin, vor, ich hätte mich verändert. Unter anderem fand sie, ich hätte keine Zeit mehr zum Telefonieren. Sobald wir ein Gespräch angefangen hätten, würde der Kleine schreien, hätte Hunger oder wolle sonst was – und ich müsste auflegen. So ungern ich es tat, ich musste ihr recht geben. Aber ich versicherte ihr, das würde vorbeigehen. Tatsache ist, meine Kinder schreien heute noch nach irgendwas, sobald ich telefoniere. Der einzige Unterschied ist der, dass ich heute zurückschreie: „Lasst mich gefälligst in Ruhe. Ich bin am Telefon!"

Nun kann ich zwar mit meiner kinderlosen Freundin wieder telefonieren, aber wir sehen uns trotzdem nicht häufiger. Ich habe mich gefragt, woran das liegt. Ich weigere mich zu glauben, dass es mit der Tatsache zu tun hat, dass wir Nachwuchs haben und sie nicht. Es ist absurd zu denken, dass Leute, die keine Kinder haben, mich nicht mehr interessieren. Trotzdem ist eine andere Freundin von mir tatsächlich davon überzeugt, ich würde den Kontakt zu ihr meiden, weil ich es seltsam fände, dass sie sich entschlossen hat, keine Kinder zu bekommen. Geht mich doch nichts an, oder?

Oft scheinen kinderFREIE (also freiwillig ohne Nachwuchs lebende) Freunde vordergründig sehr verständnisvoll gegenüber uns armen, gefangenen Eltern. Sie haben Verständnis dafür, dass wir lieber etwas mit anderen Familien – also vermeintlich viel langweiligeren Leuten – unternehmen, schliesslich können die Kleinen zusammen spielen. Und sie halten es für logisch, dass ich lieber mit dieser einen Freundin verkehre, weil wir gleichaltrige Kinder haben. Ich muss dann immer klarstellen, dass die besten Momente mit dieser Frau jene sind, in denen unsere Kinder nicht anwesend sind. Dann haben wir nämlich endlich wieder Zeit, ein Gespräch zu Ende zu führen, ohne dauernd unterbrochen zu werden von „Ich hatte es zuerst!" oder „Ich muss gaaaanz dringend Pippiii!".

Ich glaube, unsere kinderlosen Freunde schieben uns die Schuld zu, weil SIE kein Interesse mehr an uns haben – und nicht etwa umgekehrt! Die einen empfinden sich offenbar als unzulänglich (meist Frauen), die anderen sind einfach von kleinen Kindern genervt (meist Männer) und wieder andere möchten immer noch auf den Putz hauen und verstehen nicht, dass wir trotz allem Rabeneltern-Dasein nicht jedes Wochenende Lust haben, unsere Kinder abzugeben.

Sie sind vordergründig sehr verständnisvoll gegenüber uns armen, gefangenen Eltern.

Mir ging es vor meinem ersten Kind übrigens ähnlich: Freunde, die ihre Kinder auf Partys mitbrachten und den ganzen Abend über nichts anderes redeten, ödeten mich an. Aber ich kann mit Sicherheit sagen, dass ich nicht zu dieser Kategorie gehöre. Ich achte sehr darauf, bei kinderlosen Bekannten meine Mutterschaft nicht zu betonen. Und das nicht unbedingt deshalb, weil ich sie nicht langweilen möchte, sondern vor allem, weil ich diese Mutterschaft nicht als besonders interessant erachte. (Sagt sie und schreibt ein Buch darüber.) Ich möchte schliesslich auch nicht mit Hundebesitzern über ihre Erfolge beim Pfötchengeben diskutieren

Hoi!
Heute Abend ab zehn Uhr? Gute Musik?
Und ER komm
auch?
Wow, supi!!
Bis da-hann!
MIGROS

Ja?
Was? Fieber?
Und wie sieht der Caca aus? Fest? Flüssig?
Weint sie?
kay, ich komme,
ag ihr das, ja?
Tschüss.
GÄHN
MIGROS

DU BIST EINE RABENMUTTER

wenn du in der Öffentlichkeit die volle Windel nicht wechselst, obwohl meilenweit zu riechen ist, dass es dringend wäre. Einfach weil du gerade so schön im Café sitzt und mit deiner Freundin plauderst.

PARALLELWELTEN

TOP
SHOT

WÄÄÄÄH!!
WÄÄÄÄH!!!

Mutter-

Mein erstes Kind hatte ich lange vor meinem Facebook-Account. Als Freund/in hinzufügen war für mich trotzdem damals schon Thema. Wenn man Kinder hat, wird alles anders, auch die Freundschaften verschieben sich, ob man will oder nicht: von kinderlosen Paaren zu Familien, von Party Animals zu verantwortungsbewussten Freunden, von Gegensätze ziehen sich an zu Gleich und Gleich gesellt sich gern.

Doch bei Frauen ist das so eine Sache. Eine echte Freundschaft zwischen Frauen zu definieren fällt sogar Soziologen schwer. Eifersucht, Interpretationsspielraum und Neid sind Faktoren, die Frauen an sich selbst, der Freundin und ihrer Freundschaft mit schöner Regelmässigkeit zweifeln lassen. Bei Anwesenheit von Kindern schiessen diese Zweifel exponentiell in die Höhe. Die bis anhin beste Freundin wird dir auf einmal fremd, wenn sie mit dir über Klamotten und ihren letzten One-Night-Stand sprechen will, während du dich nur nach einer Dusche und deinem Bett sehnst.

Natürlich könnte man jetzt denken, diese Entfremdung hätte damit zu tun, dass du Kinder hast und sie nicht. Doch wenn sie auch Kinder bekommt, wird es eigentlich noch schlimmer. Mutterfreundschaften sind noch komplizierter als Frauenfreundschaften. Zumindest dann, wenn sie einen anderen Erziehungsstil, Ernährungssinn oder Mutterinstinkt hat als du. Ich hatte mir das so romantisch vorgestellt: Sie und ich beim Kaffeetrinken, unsere Kinder spielen ruhig in einer Ecke und haben einander lieb. Die Wahrheit sieht wieder einmal ganz anders aus. Wie kannst du deiner besten Freundin klarmachen, dass sie im Begriff ist, ein Arschlochkind auf die Gesellschaft loszulassen, wenn sie ihm nicht endlich mal die Meinung geigt? Wie sagst du ihr, dass es dir wahnsinnig auf den Geist geht, dass ihre Tochter dauernd auf ihren Knien sitzt und euch unterbricht, während du versuchst, ihr von deinen Problemen im Job zu erzählen? Zugegeben, sie findet es bestimmt auch nicht sonderlich witzig, dass Emma ihren Kleinen schubst und den halben Nachmittag lang „Meins! Meins!“ schreit.

Mutter-freundschaften sind noch komplizierter als Frauen-freundschaften.

Bei neuen Bekanntschaften ist das viel einfacher: Wenn mir die Kinder zu laut plärren und die Mutter so tut, als höre sie es nicht, dann trinken wir genau ein

-freundschaften

einziges Mal Kaffee zusammen, basta! Die beste Freundin schiesse ich wegen so etwas aber nicht einfach in den Wind. Schliesslich war sie immer da: bei der ersten Ehekrise, beim ersten Ultraschall deines Babys und auch beim Aussuchen der Badezimmerkacheln für das neue Haus. Sie war auch die, die mich anrief, als ihre einjährige Tochter mit gebrochenen Fingern in die Notaufnahme musste oder als ihr Mann eine ganze Nacht nicht nach Hause kam. Wie sie meine beste Freundin blieb? Wir gingen wieder öfter ohne die Kinder aus. Dann diskutierten wir bei einem Glas Wein mehr über Klamotten, Gleichberechtigung und wie wir den Chef zum Teufel schicken würden als über unsere Kinder. Die bedeuten uns zwar alles, eine beste Freundschaft beenden sollten sie jedoch nicht!

Frauenfreundschaften können alles Mögliche sein – lustig, anstrengend, laut, tränenreich, spitzfindig, schwierig. In jedem Fall sind sie aber Gold wert. Mit wem sonst könnte man so schön Husband Bashing betreiben, ohne dass der eigene Mann das je erfährt? Und mit wem sonst könnte man einen halben Abend lang darüber lachen, dass man sich mit noch nicht mal vierzig Jahren an Botox versucht hat? Nur mit den besten Freundinnen

Darf ich vorstellen:

Kennst du die Supernanny? Natürlich! Jeder, der mit Kindern nur im Entferntesten zu tun hat, kennt diese Erziehungsspezialistin, die auf sämtlichen Privatsendern ihr Unwesen treibt. Sie hat alles im Griff und für jede Situation einen guten Rat. Sie erstellt Familienregeln, präsentiert ideale Tagesabläufe, stellt stille Stühle auf und nimmt nicht nur Kinder, sondern vor allem deren überforderte Eltern in die Zange.

Aber kennst du auch die Supermami? Sie ähnelt der Supernanny in einigen Punkten: Auch sie hat alles im Griff. Guten Rat gibt sie dir, auch wenn du gar nicht danach gefragt hast. Und auch sie nimmt Eltern in den Schwitzkasten. Mit Vorliebe genervte Nachbarinnen. Nur die Kinder, vor allem die eigenen, die lässt sie in Ruhe, denn „so sind Kinder eben!“. Sie können ohrenbetäubend schreien, während du versuchst, ein Gespräch darüber zu führen, welcher Bauernhofladen das beste Biogemüse führt (für mich reines Rätselraten, meine Kinder essen kein Gemüse), sie können sämtliche Blumen im Garten zertrampeln und sich dabei totlachen: Sie werden von der Supermami nicht zusammengestaucht – denn sie sind ja eben Kinder. Sie kriegen ihren herablassenden Tststs-Blick nie ab. Ich dagegen bekam ihre Geringschätzung gleich bei unserer ersten Begegnung zu spüren.

Als wir uns kennenlernten (also bevor ich sie Supermami nannte), wusste ich von ihr lediglich, dass sie nebenan wohnt und einen etwa gleichaltrigen Sohn hat wie wir. So weit, so gut. Sehr gut sogar. Meine Networking-Synapsen begannen zu kribbeln, und ich malte mir aus, wie wir uns mit dem Mittagessen, Hütedienst und Fussballtraining-Transport abwechseln würden. Ausserdem stellte ich mir vor, wie wir an einsamen Abenden, an denen die Väter lange zu arbeiten hätten, eine Flasche Wein köpfen und uns unsere Sünden beichten würden.

Daraus sollte nichts werden. Erstens trinkt Supermami nicht. Nie. Ausserdem verbringt sie die Abende am liebsten mit ihren Kindern und lustigen Gesellschaftsspielen. Manchmal darf sogar ihr Mann mitspielen. Drittens setzt sie auf Bioernährung, mit viel Gemüse und ohne Zusatzstoffe. Ihr Kind könnte niemals bei mir essen!

Guten Rat gibt sie dir, auch wenn du gar nicht danach gefragt hast.

Bei unserer ersten Begegnung wusste ich all das aber noch nicht. Also schwärmte ich ihr in einem Anfall von hausfraulichem Smalltalk von unserem brandneuen Gefrierschrank vor, den ich alsbald unter anderem mit Unmengen Glace zu füllen gedachte. „So habe ich für den ganzen Sommer vorgesorgt und brauche mir um den Zvieri keine Gedanken mehr zu machen“, ereiferte ich mich. Stille. Tststs-Blick. „Ein Apfel wäre als Zwischenmahlzeit ja gesünder. Und dann mache ich meine Glace auch lieber selbst. Da weiss ich, was drin ist.“

K.o. in der ersten Runde

DIE SUPERMAMI

DIE RABENMUTTER

DU BIST EINE RABENMUTTER

wenn du immer wieder neue Ausreden suchst, um die Kinder der perfekten Nachbarin nicht zu hüten.

Arschlochmütter

Bei Leon konnte ich mich noch als richtige Rabenmutter brüsten, unter anderem, weil ich mich strikt weigerte, irgendeinen Mutter-Kind-Kurs zu besuchen. Ich war weder im PEKIP noch im Babyschwimmen oder -yoga, und auch die Quartierkrabbelgruppe musste ohne mich auskommen. Emma hatte jedoch einen derartigen Bewegungsdrang, dass ich mich bei ihr dann doch zum Besuch einer Krabbelgruppe hinreissen liess. Ich mutierte kurzfristig zur guten Mutter. Leider trifft man in solchen Krabbelgruppen nicht nur die kleinen, süssen Krabbelkinder, ihre Mütter sind auch anwesend. Ich sage l e i d e r, weil leiden das Einzige war, was ich da tat. Bei den zwei Malen (mehr hätten meine Nerven nicht ausgehalten), die ich da war, hörte ich Dinge, die mich mein Leben lang verfolgen werden ...

Dass wir Frauen nicht besonders solidarisch sind, ist nichts Neues. Dass dieser negative Charakterzug sich bei Müttern potenziert, hat jedoch sogar mich erstaunt. Schockiert. Genervt. „Was, deine Kleine geht noch nicht auf allen vieren? Das ist aber seltsam, hast du das abklären lassen?" – „Dein Sohn hat aber einen flachen Hinterkopf! Warst du deswegen schon beim Arzt?" – „Wieso sitzt deine Tochter immer abseits? Sozialkompetenz sollte man früh üben!" Wie in allen Gruppen sind es immer ungefähr dieselben, die solche Fragen stellen und andere Mütter als wahlweise inkompetent, unverantwortlich oder einfach nur egoistisch hinstellen. So wie es Arschlochkinder gibt, gibt es nämlich auch Arschlochmütter (meistens sind diese übrigens verwandt). Klar, wenn ich schlagfertig gewesen wäre, hätte ich fiese Antworten parat gehabt: „Sozialkompetenz bedeutet auch zu merken, wann man die Klappe halten soll." Oder so ähnlich. Aber natürlich hat man in solchen Situationen keine freche Antwort parat, um das Gegenüber zum Schweigen zu bringen. Im Gegenteil, ich neige dazu, Steilvorlagen zu liefern: Ich vergesse den gesunden Znüni oder die Trinkflasche im Auto. Die Wickeltasche steht noch zu Hause neben der Tür, und meine Tochter hat eine übervolle Windel ...

So wie es Arschlochkinder gibt, gibt es nämlich auch Arschlochmütter – und meistens sind sie verwandt.

Aus genau diesen Gründen sah mich die Krabbelgruppe nur zweimal. Und wisst ihr was? Meine Tochter war ein solcher Spätzünder, dass sie erst mit 22 Monaten (!) frei gehen konnte. Trotzdem habe ich nichts abklären lassen! Ätsch

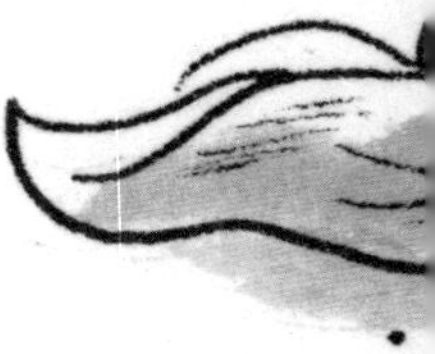

BE HAPPY
BOX

Die *lieben* Kolleginnen

Als Freischaffende habe ich keine Kolleginnen. Thema abgehakt. Na ja, nicht ganz, denn ich hatte ja ein Leben davor (vor der Selbständigkeit, vor den Kindern, kurz: Ich hatte ein Leben!). Als mein Sohn geboren wurde, arbeitete ich noch im Bereich Werbung, weshalb ich Folgendes vorausschicken muss: In Werbeagenturen arbeiten viele Frauen. Die wenigen Männer, mit denen ich in der Pause einen übelschmeckenden Kaffee trank, sassen zumeist in der Chefetage. Oder sie waren Geeks, die sich von den Frauen den ganzen Tag anhören mussten, ihr Computer funktioniere nicht!

Die Chefs begegnen einer arbeitenden Mutter mit einem gewissen Wohlwollen und sind meist stolz, dich als Teilzeitkraft eingestellt zu haben. Das macht sie in den Augen der Gesellschaft modern und zukunftsorientiert. Sie werden sich ausserdem hüten, spitze Bemerkungen über deine Arbeitszeiten fallenzulassen, wenn du wieder mal um 16.00 Uhr abhaust, um dein Kind in der Krippe abzuholen und zum Arzt zu rennen. (Ja, rennen, denn als arbeitende Mutter kennst du keine gemächlichere Gangart mehr.) Ein solcher Chef wird dich aber mit Sicherheit an solchen Tagen abends anrufen, genau dann, wenn du zum fünften Mal „Essen ist fertig!" in Richtung Fernseher gerufen hast – und sich deine Kinder dann doch noch mal zehn Minuten gedulden müssen, weil dein Chef unbedingt noch die morgige Präsentation mit dir durchgehen will. In der Zeit hat der Grosse bereits den halben Brotkorb leer gegessen und die Kleine angelt sich mit ihrer Kindergabel die Popel aus der Nase.

Für pikierte Fragen wie: „Hast du dir den Nachmittag freigenommen?", wenn du vor 18.00 Uhr das Büro verlässt, sind die lieben Kollegen zuständig. Immer wieder. Natürlich nur die kinderlosen unter ihnen, die anderen schauen dann beschämt zu Boden und unterstützen dich zwar stillschweigend, möchten aber nicht in denselben Topf geworfen werden. Auch wenn sie gestern Morgen selbst erst um 10.00 Uhr aufgekreuzt sind.

Es sind hingegen die kinderlosen Kolleginnen, die dich anfangs gerne fragen: „Und, was machst du mit dem Baby, während du arbeitest?" Eine legitime Frage, im Normalfall. Wenn da nicht dieser Unterton wäre, der besagt: „Wieso hast du überhaupt ein Kind in die Welt gesetzt, wenn du es dann abschiebst, um zu arbeiten?" Meine Lieblingsantwort darauf war stets: „Das wartet im Auto, während ich hier meine Brötchen verdiene ..." Die anstrengendsten kinderlosen Kolleginnen sind übrigens die, bei denen die biologische Uhr lauter tickt, als ihre Absätze im Korridor klappern. Sie fragen dich dauernd über dein Leben als Mutter aus und betonen verdächtig oft, wie schön du es doch hast. Sie verstehen auch nicht, wieso du nicht ganz bei den Kindern zu Hause bleiben wolltest. Ich wurde das Gefühl nie los, dass sie eigentlich keine Lust mehr auf die Arbeitswelt hatten und sich von einem Kind so etwas wie Ferien versprachen. Sie waren offensichtlich noch nicht über den Begriff Mutterschaftsurlaub aufgeklärt worden. (Kann man etwa monatelangen Schlafmangel, Überforderung und Babygeschrei als Urlaub bezeichnen? Eben!)

Die anstrengendsten kinderlosen Kolleginnen sind die, bei denen die biologische Uhr lauter tickt, als ihre Absätze im Korridor klappern.

Unter den Mütter-Kolleginnen, welche in der Werbebranche nicht gerade in Massen zu finden sind, gibt es die total solidarischen, mit denen du mehr über Kinderkacke als über Slogans und Copys diskutierst. Sie sind die Supermamis unter den Bürokolleginnen und finden, dass sie der Firma viel bringen, schliesslich führen sie zu Hause ein Kleinunternehmen namens Familie. Sie reden also pausenlos über sich und ihre Kinder, darüber, wie happy diese sind, fremdbetreut zu werden, und dass es ihren Charakter bilde. Ihre Milestones (erste Schritte, erster Toilettengang und erster Besuch der Notaufnahme) werden eingehend dargestellt und natürlich wollen sie sich unbedingt mit dir über deine Stillerfahrungen austauschen. Was mich ehrlich gesagt sehr befremdete, wofür hatte ich denn wieder angefangen zu arbeiten? Bei diesen Gesprächsthemen hätte ich auch gleich in die Krabbelgruppe gehen können! Diese Art Frau will übrigens auch dauernd privat mit dir auf den Spielplatz ...

Die andere Kategorie Mütter im Job ist die, die so tut, als hätte sie keine Kinder, um genauso akzeptiert zu werden wie die jungen, kinderlosen Frauen, die Überstunden schieben und jeden Abend zu Aperos eingeladen werden. Der Unterschied ist der, dass sie weder das eine noch das andere können, was ihnen wiederum Unverständnis einbringt, weil die Hälfte der Belegschaft nicht weiss, dass zu Hause Kinder auf sie warten, die gefüttert und gebadet werden wollen.

Ich brauche wohl nicht zu betonen, dass ich mich in besagter Firma nicht besonders wohl fühlte. Weder hatte ich Lust, so zu tun, als sei ich noch jung und trendy, noch interessierten mich die Kinderthemen meiner Kolleginnen. Als man mir mangels Aufträgen kündigte (klar, uns Mütter lässt man immer als Erste gehen, wir haben ja zu Hause noch genug zu tun), war ich zwar zunächst bestürzt, eigentlich aber auch sehr erleichtert. Keine Rechtfertigungen mehr auf Fragen wie: „Weint er, wenn du ihn in der Krippe lässt?“; keine entschuldigenden Worte mehr, wenn ich wieder einmal früh nach Hause muss, und keine blöden Sprüche mehr, wenn ich wieder erst beim Mittagessen merke, dass meine Bluse eine Milchstrasse aufweist.

Heute beschränken sich meine sozialen Kontakte auf Meetings und Events. Und das ist gut so

zzZZZZZ

Du bist Mutter, wenn ...

Es gibt ein paar untrügliche Zeichen, an denen du erkennst, dass dein altes Ich gestorben ist. Dinge, die du früher gerne tatest, sind dir heute ein Gräuel. Charaktereigenschaften, die du früher verteufelt hast, gehören heute zu deinem Wesen ... Du bist jetzt eine Mutter, und das zeigt sich daran, dass du

... zwar neue Kleider brauchst, stattdessen aber mit bergeweise Kinderkleidern und -schuhen nach Hause kommst (die du auch noch von deinem Geburtstags-Gutschein gekauft hast!).

... deine immer zahlreicher werdenden grauen Haare nur alle drei Monate statt wie früher alle drei Wochen färbst. Denn du hast Angst, beim Färben von den Kindern gestört zu werden und am Ende einen grünen statt braunen Ansatz zu haben.

... dich zwar weigerst, dir einen p r a k t i s c h e n H a a r s c h n i t t verpassen zu lassen, stattdessen aber nur noch mit Pferdeschwanz zu sehen bist – weil es eben praktischer ist.

... die weiten Slips, die du damals fürs Wochenbett gekauft hast, heute noch trägst. Und zwar nicht nur dann, wenn du deine Tage hast.

... dich morgens unter der Dusche fragst, ob sich das Beinerasieren lohnt oder ob du das nicht auch auf den Tag verschieben kannst, an dem ihr – ganz spontan – wieder einmal Sex haben werdet.

... gar nicht mehr jeden Tag duschen kannst, weil immer irgendetwas dazwischenkommt, zum Beispiel das Putzen des Badezimmers – obwohl die Putzfrau gerade erst da war –, weil deine Tochter es mit Zahnpasta eingecremt hat.

... Schweissausbrüche kriegst, wenn deine kinderlose Freundin mit dir mal wieder richtig abtanzen will. Denn in deiner neuen Kleidergrösse hast du keine Partykleider und dein Schlaf ist dir zu heilig, um ihn an langweilige Partys zu vergeuden.

... deine Highheels jeden Tag aus dem Schuhschrank nimmst, um ihnen dann doch die bequemen Turnschuhe vorzuziehen. Auf dem Spielplatz mit Pfennigabsätzen aufzufallen ist irgendwie uncool.

... abends weder Kaffee noch Weisswein trinkst, aus Angst, nachts wach zu liegen. Jetzt, da dein Kind endlich durchschläft, wärst du ja blöd!

... trotzdem regelmässig nachts wach liegst, obwohl dein Kind durchschläft, und eine mentale Taskliste erstellst: Wäsche waschen, Buch schreiben, Bücher in die Bibliothek bringen, Rechnungen bezahlen ...

... im Bett so tust, als würdest du schlafen, wenn dein Mann später nach Hause kommt. Nicht dass er noch auf dumme Gedanken kommt und dich um deinen wohlverdienten Schlaf bringt!

... schon wieder vergessen hast, Gesichtscreme zu kaufen und stattdessen weiterhin die Po-Salbe deiner Kinder benutzt.

... mehr Jogginghosen als sonstige Beinkleider im Schrank hast. Wer zwängt sich schon in eine sexy Jeans, wenn es sowieso keiner sieht?

Und du bist ausserdem Mutter, wenn du auch während des Essens über übelriechende Windelinhalte referieren kannst.

Na, bist du eine Mutter, oder was?

Schwangerschaftspfunde

Ich bin nicht dünn. War ich nie, auch nicht zu meinen besten Zeiten. Aber ich war schlank. Früher. Und wenn Mütter früher sagen, meinen sie vor den Kindern. (Ich geb's zu, ich war kurz vor der ersten Schwangerschaft schon eher auf der molligen Seite, aber ihr wisst, worauf ich hinauswill.) Vor den Kindern hatte ich immerhin einen flachen Bauch, einen Knackpo und ein Dekolleté, auf das ich stolz war. Heute ist der Bauch schlabbrig, der Hintern einfach nur gross und das Dekolleté ... welches Dekolleté? Meine Kinder haben mir nicht nur den Schlaf, die Freizeit und die Libido, sondern auch meine Figur geklaut!

Neun Monate kommt er, neun Monate geht er. Die Rede ist vom Schwangerenbauch. Doch bei mir lief das anders: Er kam und blieb. Und dass Stillen eindeutig schlank macht, ist ein sprichwörtliches Ammenmärchen. Alle paar Stunden tust du zwar etwas, was Kalorien frisst und dir im schlimmsten Fall Mangelerscheinungen beschert. Und bei manchen Frauen mag das dazu führen, dass sie rasend schnell wieder abnehmen. Nachweislich kann aber auch genau das Gegenteil eintreten, und natürlich gehöre ich zu den Glücklichen. Ich hatte in der Stillzeit dauernd Heisshungerattacken – mit dem naheliegenden Ergebnis: Fastfood.

Dabei hatte ich nach der ersten Schwangerschaft geglaubt, ich hätte es – abgesehen vom Bauch – geschafft. Habt ihr schon mal eine Diät gemacht? So richtig ernsthaft? Nicht die Bikinifigur-in drei-Tagen-Diät, sondern eine richtig heftige mit fünfhundert Kalorien am Tag und das über mehrere Wochen, begleitet vom Arzt, mit wöchentlichen Kontrollen und Ernährungsumstellung? Ich hab so was nach meiner ersten Schwangerschaft – und selbstredend nach dem Stillen – gemacht. Mit Erfolg: sechzehn Kilo in sechzehn Wochen. Danach war ich eine schlanke Mutter (mit kleinem Bäuchlein). Ein tolles Gefühl! Also könnte ich es doch wieder tun, nicht? Ich weiss jetzt schliesslich, wie es geht.

Meine Kinder haben mir nicht nur den Schlaf, die Freizeit und die Libido, sondern auch meine Figur geklaut!

Aber ich tu's nicht. Es geht einfach nicht. Ich stehe jeden Morgen auf und denke: „So, heute ist der erste Tag meines neuen Lebens." Ich esse den ganzen Morgen nichts und habe mittags dann einen solchen Kohldampf, dass ich SOFORT was essen muss. SOFORT-Food nennt man gemeinhin auch Fastfood. Und Fastfood ist bekanntlich ungesund – und macht dick. Für all die, die jetzt denken: „Dann soll sie halt anständig frühstücken!" – das habe ich schon probiert. Ich habe mittags trotzdem Hunger. Funktioniert also auch nicht.

Ich glaube, ich bin süchtig nach Essen. Ja, das gibt's! Ich hatte weit weniger Mühe, mit dem Rauchen aufzuhören, als damit, das Essen sein zu lassen beziehungsweise gesünder zu essen. Mir schmecken das Fondue im Winter und der Hamburger am Mittag einfach besser als Salat und Quark. Was soll ich machen? Es gibt etliche Kaugummis, Pflaster und Medikamente für angehende Nichtraucher. Und was ist mit den angehenden Nicht-Essern? Die müssen sich alles hart erarbeiten. Findet ihr das fair? Ich nicht! Natürlich gibt es im Internet auch Pillen und Pflaster gegen Übergewicht, aber glaubt mir: Ich habe so ziemlich alles ausprobiert, die nützen nichts. Im schlimmsten Fall bescheren sie dir Herzflattern, weil da irgendein Amphetaminderivat drin ist. Von gesund kann nicht die Rede sein.

Da wäre natürlich noch die Bewegung. „Eine halbe Stunde pro Tag reicht schon", predigen Gesundheitsapostel. Wo um Himmels willen bekomme ich eine halbe Stunde täglich her? Nach Kindern, Haushalt und Job bleiben mir gerade mal zehn Minuten zum Duschen täglich! Ausserdem ist es im Winter zu kalt und im Sommer zu heiss. Und anständige Sportklamotten habe ich auch keine. Ausserdem gehöre ich zu der Sorte Mensch, die jede Kalorie, die sie beim Laufen verbrannt hat, doppelt und dreifach wieder in sich reinstopft.

Das Schlimmste ist, dass ich umgeben bin von schlanken Frauen, von Vor-und-nach-der-Schwangerschaft-Schlanken. Vielleicht sollte ich noch mal ernsthaft über die Auswahl meiner Freundinnen nachdenken. Am besten bei einem Stück Schwarzwälder Kirschtorte

Und eins, und zwei, und drei, und vier....

Und eins, und zwei, und drei, und vier....
Da! Da!
PETIT BEURRE

Kindliche Feuchtgebiete

Zu Beginn einer Mutterschaft rufen dauernd irgendwelche Menschen an, die dein Leben verschönern wollen, sei das mit einem Lottogewinn, einem Zeitschriftenabo oder einer günstigeren Krankenkasse. Als der Besuch des Versicherungsmanns anstand, machte ich mich trotz kurzer Nacht etwas frisch und schminkte mich zum ersten Mal seit Wochen – er sollte ja nicht rückwärts wieder zur Tür hinausfallen. Ich fand es entsprechend zunächst etwas befremdlich, dass der gute Herr mir während unseres Gesprächs dauernd auf mein Dekolleté schaute, statt in meine eigens für dieses Treffen kajalgeschmückten Augen. Irgendwie fühlte ich mich aber auch geschmeichelt, mein Ausschnitt schien doch noch mehr herzugeben, als ich gedacht hatte.

Wie sehr das stimmte, merkte ich aber erst ein paar Stunden später. Im Badezimmerspiegel entdeckte ich beim Händewaschen den Grund für sein Interesse: Emma hatte dort eine ihrer gefürchteten Rotzdekorationen platziert. Eine dicke, weisse Schleimspur prangte mitten auf meinem dunkelgrauen Pulli. Stimmt, da hatte es eine Schmuseattacke gegeben, kurz bevor HERR KAISER heute Morgen an der Tür klingelte ...

Gefühlte fünf Liter Sabber pro Tag polieren dein nagelneues Parkett, während dein Kind zwei Dutzend Zähne produziert – zwei Jahre lang!

Als Mutter eines Kleinkindes bleibt dir keine Körperflüssigkeit erspart. Keine. Da die Nase während der kalten Monate (in der Schweiz sind das Dreiviertel des Jahres) nie aufhört zu laufen, findest du besagte Spuren an allen möglichen Orten: am Ärmel (deinem und seinem), in den Haaren, am Hosenbein, am Bauch, ja sogar in deinem Schritt (weil der Nachwuchs sich vor dem Postboten verstecken musste). Auf dem Rücken hast du ranzige Milch, weil du dein Kind über die Schulter halten musstest, damit es Bäuerchen macht. Ein Klassiker ist auch das Niesen während des Fütterns von giftgrünem Erbsenbrei. Dein Gesicht mitsamt der Brille sieht danach aus wie die Fratze des INCREDIBLE HULK. Das kann dir allerdings auch ohne Schnupfen passieren, etwa weil der Erbsenbrei „wääák“ oder die Sache an sich einfach lustig ist. (Das Rätsel der Schmiererei eines Kleinkindes beim Essen konnte bis heute nicht gelüftet werden. Was stimmt mit der kindlichen Zungenmotorik nicht, bitte schön?) Dann gibt es natürlich das verschmierte Schokogesicht, das auf die Schnelle an deinem mütterlichen Ärmel abgewischt wird, um spielen gehen zu können. Ach ja, und nicht zu vergessen die gefühlten fünf Liter Sabber pro Tag, die dein nagelneues Parkett polieren, während dein Kind zwei Dutzend Zähne produziert – zwei Jahre lang!

Wenn ich also in der Öffentlichkeit bin und meine Tochter auf mich zusteuert, um zu s c h m u s e n , kann es schon vorkommen, dass ich ihr zurufe: „Vergiss es, den Pulli habe ich heute frisch angezogen!“ Die empörten Blicke anderer Mütter nehme ich gerne in Kauf, um wenigstens ein paar Stunden anständig auszusehen

Café au love 3 €
Double je t'aime 3.50 €
Un amour de café 3 €
Thé sexy 2.5
Thiem
lait

Mamis letzter Flirt

Wenn du heiratest (oder eine feste Beziehung eingehst) und Kinder bekommst, gehst du einen Deal ein, der besagt, dass es das jetzt war – mit anderen Männern, mit dem Flirten. Grundsätzlich ist das für mich kein Problem, ich bin ein treuer Mensch und ich liebe den Monsieur sehr (o.k., es gibt Tage, da liebe ich ihn auch mal weniger ...). Trotzdem merkte ich schon kurz nach der Geburt meines ersten Kindes, dass ich schon lange nicht mehr von einem Fremden angelächelt worden war. Die einzigen Blicke, die du als Mutter erntest, sind die mitfühlenden (selten), mitleidigen (öfter) oder schadenfreudigen (sehr oft), wenn du wieder mal versuchst, dein Kind zu etwas zu bringen, etwa im Einkaufswagen sitzen zu bleiben oder sich den Kieselstein nicht in die Nase zu stecken. Was dir gänzlich abgeht, sind die Blicke, die dir früher zugeworfen wurden, Blicke, die besagten: „Hallo, hübsche Frau!" Ihr wisst schon, was ich meine.

Die einzigen Blicke, die du als Mutter erntest, sind die mitfühlenden (selten), mitleidigen (öfter) oder schadenfreudigen (sehr oft).

Als ich dann als zweifache Mutter in Paris – der Stadt der Liebe – in einem Coffee Shop meinen Latte bestellen wollte, war ich entsprechend empfänglich für das sexy Grinsen des nicht minder sexy Barista. „Wie ist denn dein Name?", fragte er mit einem wirklich unmissverständlichen Zwinkern. (Na ja, zumindest wenn man so lange auf Entzug war wie ich, wirkte es unmissverständlich.) Ich schüttelte vielsagend den Kopf, wurde rot (gewisse Dinge ändern sich auch im Alter leider nicht) und wehrte mit der Hand ab. Er insistierte: „Im Ernst, sag mir deinen Namen." (Bitte stellt euch das Ganze auf Französisch vor!) Ich fühlte mich extrem geschmeichelt, trotzdem dachte ich: „Ich muss den armen Kerl aufklären, bevor er sich vollends unsterblich in mich verliebt!" Und so erwiderte ich: „Nein, lieber nicht. Weisst du, draussen warten mein Mann und meine Kinder ..." Mein Ton liess erahnen, dass ich in Gedanken hinzufügte: „Wenn die nicht da wären, wäre es sehr verlockend ..." Etwas genervt antwortete er energisch: „Gib mir bitte deinen Namen, ich muss ihn auf den Pappbecher schreiben!"

Das war's dann wohl mit dem Flirten. Für immer

Mein Geld, dein G$ld ...

„MUSS ich haben!“ Ich stand vor einem Schaufenster, bewunderte diese wunderbaren Lederstiefel und stellte mir vor, wie ich mit ihnen spazieren gehen würde. Vielleicht bräuchte ich dann auch eine passende Handtasche dazu ... Doch was würde der Monsieur sagen, wenn ich schon wieder mit neuen Schuhen nach Hause käme?

Nun war ich also Mutter und Hausfrau. Arbeiten wollte ich eigentlich nicht, ich war (zumindest anfangs) gerne zu Hause. Wie befriedigend (unbezahlte) Hausarbeit auf Dauer jedoch ist, brauche ich wohl niemandem zu erklären. Kein selbstverdientes Geld zu haben wurmte mich zunehmend – mehr, als ich gedacht hatte. Mein finanzieller Beitrag zum Familienbudget beschränkte sich darauf, beim Einkaufen auf Aktionen zu achten und die Zahnpastatube erst zu ersetzen, wenn sie ganz aufgebraucht war. Ja, ich gebe es zu: Ich fühlte mich ausgehalten, unterfordert und entsprechend ziemlich minderwertig! Da man sich spätestens als Mutter immer mit anderen vergleicht, fragte ich mich irgendwann, wie das mit dem Geld eigentlich bei anderen läuft. Ich warf also einen Blick in meinen Freundeskreis.

Lisa, verheiratet, zwei kleine Kinder: Sie lebt vom Einkommen ihres Mannes. ABER: Sie hat geerbt und somit eigentlich mehr Geld als er – was ihn wiederum manchmal nervt.

Mein finanzieller Beitrag zum Familienbudget beschränkte sich darauf, beim Einkaufen auf Aktionen zu achten und die Zahnpastatube erst zu ersetzen, wenn sie ganz aufgebraucht war.

Charlotte, verheiratet, eine Tochter: Sie arbeitet Vollzeit, ihr Mann mangels Deutschkenntnissen nur Teilzeit – und wird erst noch schlecht bezahlt. Man merkt ihm den Druck an, der auf ihn ausgeübt wird. Nicht etwa von seiner Frau, sondern von der Gesellschaft. Entsprechend arbeitet er einigermassen verbissen darauf hin, dass er die Familie irgendwann mal ernähren kann. Es ist ein Unterschied, ob man Hausmann (oder -frau) sein WILL oder keine andere Wahl hat.

Doch, den musste ich von unserem gemeinsamen Konto bezahlen, den brauche ich nämlich für das Vorstellungsgespräch, um den Job zu kriegen, damit WIR mehr Geld haben und öfter ausgehen können!
Im Ausgang kann i
den Pulli nämlich
auch gleich anzieher
MANGO
BATMAN
50.-
200.-

Eva, in einer Beziehung, keine Kinder: Sie und ihr Freund teilen sich die Miete, sonst schaut jeder für sich. Auch wenn sie pleite ist, schaut er für sich. Wenn er jedoch Geld braucht, leiht (oder schenkt) sie ihm welches. So kam er zu einem IPHONE, unverzichtbar für einen echten Mann ...

Christine, geschieden, zwei Schulkinder: Sie und ihr Exmann hatten nie viel Geld, jetzt müssen sie auch noch zwei Mieten davon bezahlen. Das Portemonnaie ist mehr denn je DAS Diskussionsthema.

Eines wird klar: Diskussionen um Geld gibt es überall, so oder so. Derjenige (oder eben meistens diejenige), der weniger verdient, hat in Kürze ein Selbstwertgefühl von der Grösse einer Erbse. Und das wiederum wirkt sich nicht unbedingt positiv auf das Zusammenleben aus. Geld ist der Beziehungskiller Nr. 1 – nebst Kindern vielleicht. Befragte Personen geben als Grund für achtzig Prozent der Streitigkeiten in ihrer Partnerschaft die Finanzen an. Auch bei hohen Einkommen. Es gibt immer einen, der meint, der andere gebe zu viel aus. Klassischerweise hat die Hausfrau zu viel Zeit zum Shoppen, und der Mann kauft Gadgets, die keiner braucht, nur weil sie hip sind.

Auch wieder eine Sache, bei der es unsere Eltern leichter hatten: Vater legte das Haushaltsgeld fest, mit dem Mutter auszukommen hatte. Der Rest blieb Chefsache, und Chef war Vater, denn er besass ein Lohnkonto. Ob Mutter wusste, wie viel er monatlich verdiente, konnte ich trotz Recherchen nicht erfahren. Und was Vater mit dem restlichen Geld anstellte, ging sowieso niemanden etwas an. Immerhin: Blieb was vom Haushaltsgeld übrig, konnte sich Mutter etwas davon leisten. Heute läuft es – in den meisten Fällen – doch etwas anders. Zumal inzwischen die meisten Paare ihr Einkommen partnerschaftlich verwalten, ob die Frau nun berufstätig ist oder nicht. Die Einsicht, dass auch Letztere wertvolle Arbeit leistet, hat sich langsam auch in den stursten Männerköpfen durchgesetzt. Die logisch folgende Dankbarkeit ist ein anderes Thema.

Wir haben es ganz pragmatisch gelöst und haben ein Taschengeld für ihn und mich eingeführt. So sind weder die Stiefel noch der Gin Tonic herausgeschmissenes Geld, sondern einfach ein Pläsierchen, dass wir uns leisten dürfen. Ganz ohne Gewissensbisse

„Weil du eine Frau bist!“

Folgende Diskussion fand beim Essen statt. Leon, damals fünf Jahre: „Ich find Kartoffeln selber schneiden aber nicht so lustig! Machst du mir das?“ Ich, müde vom langen Tag: „Ich find auch vieles nicht lustig und muss es trotzdem tun! Dein Zimmer staubsaugen zum Beispiel!“ Er: „Aber das musst du tun!“ Ich: „Wieso muss ich das?“ Er: „Weil du eine Frau bist!“ (!) Ich: sprachlos (was in meinem Fall wirklich höchst selten vorkommt). Der Monsieur bleibt stumm, denkt sich: „Mutter kann sich selbst wehren.“ (Das hat er mir später erklärt, auf meine Frage, wieso er sich nicht für mich und die Emanzipation eingesetzt habe.)

Die Begründung meines Sohnes, ich müsse staubsaugen, weil ich eine Frau bin, traf mich wie eine schallende Ohrfeige. Was hatten wir falsch gemacht? Wieso dachte mein Sohn, die Welt sei STEPFORD und Frauen seien zum Putzen da? Und was machte das aus seinem Vater? Da gibt sich unsereins so Mühe, den Kindern moderne Werte zu vermitteln, und dann das! Mir ist schon klar, dass unsere Rollenverteilung nicht revolutionär ist. Dennoch ist der Vater meiner Kinder einer der Männer, die mitdenken, mit anpacken und sich für keine Hausarbeit zu schade sind. Er wäscht, bügelt, putzt und wickelt und macht auch die Sachen, die klassischerweise von einem Mann erwartet werden. Natürlich macht er das alles nicht so oft wie ich. Schliesslich bin ich einfach mehr zu Hause.

Die einzigen Punkte, die uns wirklich vom klassischen Rollengefüge auch heute noch unterscheiden, sind die, dass er kocht (wenn er da ist) und ich für die Technik im Haus zuständig bin (sonst hätten wir weder TV noch DVD, und wie schlimm das wäre, lest ihr in DANKSAGUNG). Nur deshalb käme unserem Grossen wohl nie in den Sinn zu sagen, ich müsse kochen, weil ich eine Frau bin.

Wieso dachte mein Sohn, die Welt sei Stepford und Frauen seien zum Putzen da?

Was er offenbar nicht wahrzunehmen scheint, ist, dass ich auch arbeite – und ich rede jetzt nicht von Hausarbeit. Wahrscheinlich bin ich selbst schuld daran. Mama arbeitet von zu Hause aus, wenn der Kleine in der Schule ist. Deshalb ist die immer da, wenn er nach Hause kommt, und das Mittagessen steht stets rechtzeitig auf dem Tisch. Wie hätte er also je darauf kommen können, dass Mama zu etwas anderem taugt als zur Hausarbeit!

Und mein Sohn scheint kein Einzelfall zu sein. Einer seiner Freunde erläuterte mir kürzlich seinen L e b e n s p l a n: Er möchte mit zwei Freunden ein Haus mit Pool, Playstation und Töggelikasten. Dort würden sie dann den ganzen Tag über spielen. Auf die Frage hin, ob er denn keine Frau und Kinder möchte, antwortete er: „Doch, aber die Kinder müssen dann bei der Frau bleiben. Ich habe ja dann keine Zeit, ich muss mit meinen Kollegen gamen."

Irgendwie werde ich das Gefühl nicht los, dass mit der Emanzipation etwas schiefgelaufen ist

Hausfrau, verzweifelt

Ich hasse Hausarbeit. Meine Ambitionen beschränken sich darauf, den Herd so weit zu putzen, dass unter der Pfanne nichts anbrennt, und meiner Familie zum Ende der Woche saubere Wäsche in die Schublade legen zu können. Ich kann keine Erfüllung darin finden, mein Haus auf Hochglanz zu bringen – und seit ich Kinder habe, ist das sowieso nicht mehr realistisch.

Seit ein paar Jahren wird den Hausfrauen dieser Welt mit der Serie DESPERATE HOUSEWIVES eine unrealistische Vorstadtidylle vorgegaukelt. Diese Frauen sind trotz ihrer absurden Probleme schön, wohlhabend und schlagfertig. Man könnte also meinen, Hausfrau zu sein sei hip. Falsch gedacht! Nach wie vor bezeichnet sich kaum eine Frau gerne als Hausfrau. Vielmehr ist von Auszeit und Babypause, von Familienmanagerinnen die Rede, wenn gesagt werden soll, dass man zu Hause das Mädchen für alles mimt.

Seien wir ehrlich, wir alle verbinden das Wort Hausfrau entweder mit der Perfektion einer willenlosen Stepford Wive oder im Gegenteil mit AL BUNDYS fauler, zickiger Ehefrau PEGGY. Ich gebe zu, auch ich kann mich mit diesen Frauen nicht identifizieren. Weder mit der perfekten Blonden, die immer genau weiss, welches Dressing zu welcher Vorspeise passt – noch mit der durchgeknallten Mutter zweier Dumpfbacken, die raucht, während sie kocht, und den ganzen Tag stupide Soaps schaut (aber schon eher).

Ich kann keine Erfüllung darin finden, mein Haus auf Hochglanz zu bringen – und seit ich Kinder habe, ist das sowieso nicht mehr realistisch.

Die heutige Stigmatisierung der Hausfrau entspricht der Verteufelung der Karrierefrau in den Fünfzigerjahren. Ging Mutti damals arbeiten, obwohl ihr Mann genug verdiente, war sie eine Rabenmutter. Die Bandbreite der Vorurteile gegenüber heutigen Hausfrauen spannt sich zwischen folgenden Polen auf: Ist der Mann reich, ist sie einfach nur eine faule Tussi, die ihre Tage mit wohltätiger Arbeit und Maniküre verbringt. Handelt es sich hingegen um ausländische Frauen, werden sie angeklagt, vom Sozialstaat zu leben und ihren Kindern die Integration zu erschweren, weil sie sie in keine Krippe schicken. Hausfrauen sind so oder

Silith Bäng wird selbst mit stark verschmutzten Oberflächen fertig!
Glanz und keimfreie Sauberkeit sofort und überall!
Silith Bäng

Bäng!
Bäng! Bäng!
Mami, kaufst du auch mal Silith Bäng, dann wird's bei uns auch mal sauber!
Silith Bäng
BAM
möbel Pfister

so zum untersten Tritt der sozialen Leiter verbannt worden. Schliesslich geht es heute um wirtschaftliche Effizienz, darum, dass wir Frauen die Männer einholen, sowohl bei der Ausbildung als auch im Beruf. Und da ist die Hausfrau nun mal ein Klotz am Bein der Gesellschaft.

Eigentlich müsste man doch endlich anerkennen, was Hausfrauen auch wirtschaftlich leisten. Ökonomen haben ausgerechnet, dass eine Kürzung der unbezahlten Dienstleistung der rund 300.000 Hausfrauen um fünfzehn Prozent einer Schliessung des gesamten Gesundheits- und Sozialwesens gleichkäme. Denn Hausfrauen putzen nicht nur, sie fahren Kinder ins Training, kaufen für die Oma ein, backen Kuchen für den Sporttag und pflegen den Nachwuchs nicht nur während der Grippewelle gesund.

Es geht nicht einmal darum, die Hausfrauenarbeit zu bezahlen, aber es wäre sinnvoll, den Hausfrauen wenigstens zu ermöglichen, genau wie andere Arbeitnehmer für die Rente zu sparen. Frauen in klassisch rollenverteilten Partnerschaften gehen ein enormes Risiko ein, bei einer Trennung mittellos zu werden.

Nicht einmal die Werbung weiss die Arbeit von Vollzeit-Hausfrauen mehr zu schätzen! Lobte früher die adrette Kochschürzenträgerin die neue Waschmaschine und versicherte sie uns Fernsehzuschauern, sie wasche weisser als jede andere, so sind es heute eher technische Finessen, derer sich die Marketingabteilungen bedienen. Ich bin ja froh drum, fühlte ich mich doch immer etwas veräppelt, als Hausfrau mit diesen kuhäugigen, immer lächelnden, perfekten Weibchen in denselben Topf geschmissen zu werden. Doch reicht es aus, eine Waschmaschine nicht mehr mit Mutti in Verbindung zu bringen, um die Werbung als emanzipiert zu bezeichnen? Und wenn sich Frauen ihres selbstgewählten Hausfrauendaseins schämen müssen, ist dann der Feminismus nicht über das Ziel hinausgeschossen?

Der Krippen-Marathon

Fremdbetreuung nennt es die Politik. Freiheit nenne ich es. Die Rede ist von Kinderkrippen, die uns Frauen erlauben, wieder in den Beruf einzusteigen. Natürlich gäbe es dazu auch eine Alternative: Grosseltern. Das sollte man sich allerdings auf jeden Fall zweimal überlegen, will man den Grossmüttern nicht zu viel Macht geben. Doch, genau so meine ich es. Denn wenn Grossmütter regelmässig die Kinder hüten – bei Grossvätern ist auch DAS anders –, dann haben sie Macht. Die Macht, unsere Kinder zu verwöhnen, ihnen zu viel Süsses oder einfach zu viel Aufmerksamkeit zu schenken, so dass sie zu Rotzgören werden, die uns zu Hause dann terrorisieren. Ich weiss das so genau, weil ich diese Erfahrung gemacht habe. Nach einem halben Jahr hatte ich genug. (Versteht mich nicht falsch, ich bin ihnen sehr dankbar für ihre Hilfe, aber es durfte nicht länger dauern.)

Das Problem mit Krippen ist aber, dass man eine Betreuung braucht, BEVOR man wieder anfängt zu arbeiten. Damit man nämlich überhaupt Zeit hat, einen Job zu suchen. Und wenn man ihn gefunden hat, muss man unter Umständen sofort anfangen, also muss der Krippenplatz bereits vorhanden sein. Zudem kosten Krippen in der Schweiz ein Vermögen. Für uns – den durchschnittlichen Mittelstand – sind keine kantonalen Finanzspritzen vorgesehen, weshalb uns ein Krippentag mehr als hundert Franken kostet. Wenn man davon ausgeht, dass eine gute Mutter nicht mehr als ein Sechzig-Prozent-Pensum annehmen würde (jede, die mehr arbeitet, wird gesellschaftlich definitiv als Rabenmutter gelten), müsste sie monatlich über 1200 Franken für die Kinderbetreuung bezahlen! Wie soll man das denn bezahlen, geschweige denn, wenn man den Teilzeitjob noch gar nicht hat? Übrigens kosten offiziell angemeldete Tageseltern nicht viel weniger.

Nach ein paar Monaten bei den Grossmüttern und einigen schlaflosen Nächten machten wir uns (also ich mich) auf die Suche nach einer geeigneten Betreuungsmöglichkeit für unseren Sohn. Ich war schon immer recht naiv und dachte, in der Schweiz sei sicher alles bestens organisiert. Ich war äusserst optimistisch, schnell einen guten Platz zu finden. Irrtum!

1. Sämtliche Krippen im Umkreis von zwanzig Kilometern waren ausgebucht.

2. Als Stadtzürcher darfst du nur in der Stadt Zürich einen Krippenplatz beanspruchen.

3. Die Wartelisten sind so lang, unser Sohn wäre schon bald volljährig gewesen, bis er reingekommen wäre. Immer wieder bekam ich von erstaunten Krippenleiterinnen zu hören: „Was, Sie haben Ihr Kind nicht schon vor der Geburt angemeldet?“ Offensichtlich sollte man das Kind direkt anmelden, während man auf das Stäbchen des Schwangerschaftstests

pinkelt. Und zwar nicht nur in einer, sondern in mindestens drei Krippen!

4. Viele städtische Krippen wirkten auf mich wie Lagerhallen für rotztriefende, weinende Dreikäsehochs. Der Gedanke, unseren Sonnenschein dort abzugeben, war kaum auszuhalten.

> **„Was, Sie haben Ihr Kind nicht schon vor der Geburt für einen Krippenplatz angemeldet?“**

Ich war schon kurz davor, meine Vorurteile gegenüber den Grossmüttern als Betreuungspersonen über den Haufen zu werfen, da sah ich in unserem Quartier ein grosses Plakat an einem Neubau: „Neue Kinderkrippe, haben noch Plätze frei.“ Damit fingen meine positiven Erfahrungen mit Kinderkrippen an. Es war genial! Wir konnten die Tage aussuchen. Anfangs waren nur wenige Kinder da, so dass Leon sich langsam einleben konnte und die Bezugspersonen viel Zeit hatten. Die Krippe war fünf Minuten von zu Hause entfernt, und sie machte nie Ferien! Natürlich war es anfangs nicht leicht, Leon fremden Personen zu überlassen. Er weinte, wenn ich die Tür hinter mir schloss – und ich auf dem Weg ins Büro. Aber ich gestehe, dass ich diese Freiheit schon bald geniessen konnte. Leon ging fast drei Jahre dorthin, der Abschied fiel uns allen schwer, auch dem Krippenpersonal (das übrigens ziemlich konstant dasselbe geblieben war, entgegen allen Erwartungen). Als unser Grosser mit fünf in den Kindergarten kam, war er total gelassen, denn er hatte ja schon als Zweijähriger gelernt, was es heisst, im Kreis zu sitzen, Lieder zu singen und der Lehrerin zuzuhören. Heute geht auch die Kleine in eine Krippe. Und Mami fühlt sich zweimal die Woche frei. Das beste Argument für die Fremdbetreuung: In all den Jahren musste ich mich gegenüber dem Krippenpersonal weder für meine Erziehungsmethoden noch für die Ernährung meiner Kinder rechtfertigen. Auch hörte ich nie: „Du muss das Kind wärmer anziehen!“, oder: „Gib dem Kind doch den Nuggi, wenn es ihn will!“ Das tun nur Grossmütter.

Was mich jedoch wurmt: Wieso essen Kinder in der Krippe genau die Dinge, die sie beim Abendessen zu Hause mit angewidertem Gesicht an die Wand schnipsen (Stichwort Erbsen)? Und warum weinen sie bei der netten Krippendame nicht so herzzerreissend, als ob man ihnen ein Bein ausgerissen hätte, wenn sie auf die Nase fallen? Da gibt man sich als Mutter so viel Mühe, und dann das! Doch das ist es wert, jeden einzelnen Tag

DU BIST EINE RABENMUTTER

wenn du Krabbelgruppen, Rückbildungsgymnastik, Babyschwimmen, Müttertreffen und den Spielplatz weiträumig umgehst, weil du andere Mütter einfach nicht erträgst.

STAATshilfe

Apropos Politik: Was tut eigentlich der Schweizer Staat für uns Familien? Es ist fast unmöglich, dieses Thema vom Finanziellen zu trennen, und doch möchte ich es versuchen:

Die Schweiz ist in Sachen Familienpolitik ein Drittweltland. (Kleine Anmerkung: Frauen dürfen in der Schweiz erst seit 1971 wählen. Das erklärt doch schon einiges, oder nicht?) Hierzulande schaut die Politik gerne erst einmal zu, was der Rest Europas alles falsch macht, um sich dann eventuell die Rosinen rauszupicken und in jahrelangem Hickhack ein paar klitzekleine Reformen durchzuboxen.

Wir schauen erst einmal zu, was der Rest Europas alles falsch macht, picken dann die Rosinen raus und boxen in jahrelangem Hickhack ein paar klitzekleine Reformen durch.

So schauen wir seit ein paar Jahren beispielsweise Deutschland zu, was Familien dort aus ihrer Elternzeit* machen. Diese wurde bis 2001 Elternurlaub genannt, was aber implizierte, dass Kinder zu haben, sie zu ernähren, anzuziehen und nicht zuletzt zu erziehen Ferien gleichkäme. Ein paar Deutsche (meist Akademiker) fahren während ihrer Elternzeit tatsächlich länger in Urlaub, aber auf die möchte ich hier nicht weiter eingehen. Die anderen wissen heute um die Vorteile der Elternzeit. Denn sie ermöglicht es Vätern, an der Erziehung teilzuhaben, nicht nur qualitativ – was sich Mütter wohl von allen Vätern wünschen –, sondern eben auch quantitativ. Väter sind anwesende Miterzieher und keine abwesenden Pausenunterhalter. Dank dieser Regelung findet in Deutschland langsam, aber sicher ein gewisses Umdenken statt, es entsteht ein neues Selbstverständnis, dass Väter, die sich vom Job beurlauben lassen, um ihre Kinder zu erziehen, keine halben Männer sind. Und diese empfinden das Vatersein weniger als Balanceakt zwischen Kind und Karriere, sondern vielmehr als Privileg, weil der Staat ihnen die Möglichkeit gibt, diese neue Welt als Papa zu erforschen.

In der Schweiz wartet die Politik darauf, dass sich die Gesellschaft ändert, um dann neue Gesetze zu erlassen. Firmen sollen ihre Mitarbeiter freiwillig ein paar Monate beurlauben, damit sie das Neugeborene betreuen können und sich die Umstellung vom Paar zur Familie mit ihren

Frauen teilen können. Doch so funktioniert es offensichtlich nicht, zumindest nicht schnell genug. Erst müssen neue Gesetze entstehen, die Gesellschaft wird sich dann von selbst ändern – und nicht umgekehrt!

Egal, mit wem ich rede, immer kommt dasselbe ABER: Solche Änderungen kosten Geld. Krippen, Elternzeit, Tagesschulen, das alles impliziert finanzielle Anpassungen, und da wir in der Schweiz verhältnismässig wenig Steuern bezahlen, ist dies das schlagende Argument der Gegner von Elternzeit und Co. Bessere Familienbedingungen = mehr Steuern. So werden wir wahrscheinlich noch zwanzig Jahre auf die Schweizer Elternzeit warten müssen, denn so lange dauerte schliesslich auch die Durchsetzung einer geregelten Mutterschaftsversicherung. Habe ich schon erwähnt, dass dieses Gesetz in der Schweiz erst 2004 eingeführt wurde? Da war mein Sohn leider schon geboren

*Als Elternzeit bezeichnet man in Deutschland einen Zeitraum unbezahlter Freistellung von der Arbeit nach der Geburt eines Kindes. Auf diese Freistellung haben nicht selbständig beschäftigte Eltern einen Rechtsanspruch. Die Elternzeit dauert maximal 3 Jahre, anspruchsberechtigt sind Mütter und Väter. Sie können die Elternzeit gleichzeitig oder nacheinander nehmen. Eine Teilzeitbeschäftigung von bis zu 30 Stunden pro Woche ist möglich. Zudem wird Eltern, die im ersten Jahr nach der Geburt des Kindes zu Hause bleiben möchten, bis zu 14 Monate lang (zwei Monate gibt es extra, wenn der Vater auch zwei Monate Auszeit vom Job nimmt) ein vom vorigen Einkommen abhängiges Elterngeld in Höhe von 300 bis zu 1800 Euro pro Monat gezahlt. Die Eltern können sich die 14 Monate je nach Wunsch untereinander aufteilen.
(Quelle: WIKIPEDIA).

FREIheit

Mein Sohn war noch nicht ganz zwei Jahre alt, als ich ihn – grossenteils erleichtert – in die Krippe gab. Das klingt jetzt so, als sei ich ihn dort losgeworden. Und wisst ihr was? So war es anfangs auch. Ich wollte soooo gerne wieder arbeiten, meine Hirnzellen anstrengen, den Tag mit einem Erwachsenengespräch beginnen und den Thesaurus statt den Staubsauger aktivieren. Und wenn es in der Realität auch nicht ganz einfach war, ihn in die Obhut fremder Leute zu geben – zu meiner Zufriedenheit hat es auf jeden Fall beigetragen, so viel steht fest.

Bei meiner Tochter machten sich diese Gefühle nach knapp einem Jahr M u t t e r s c h a f t s u r l a u b schon wieder bemerkbar. Neuronen, wo seid ihr? Zwischen sabbernden Schoppen und schmutzigen Windeln suchte ich manchmal vergebens danach. Jeden Tag Staub und Krümel von denselben Orten zu entfernen, zu kochen, zu putzen, zu bestechen und zu erpressen langweilte mich bis zum Umfallen. Und es wollte mich auch nicht so recht ausfüllen, dreissigmal am Tag dieselben Sätze zu wiederholen: „Bitte, zieh deine Socken nicht dauernd aus! Komm, wir putzen jetzt die Zähne! Doch, du musst jetzt ins Bett ...“ Ganz zu schweigen von den Horrorstunden zwischen Mittagsschlaf und Abendessen, die dank müder, quengelnder Kinder endlos schienen! Und wenn es den CHASCHPERLI wirklich gäbe, müsste ich einen Killer beauftragen, der ihn um die Ecke bringt! Tratratrallallaaa! Was ist nur los mit mir? Mein Mann verdient genug, um die ganze Familie zu ernähren. Wir haben ein wunderschönes Haus, tolle Kinder, und ich bin immer noch in den Monsieur verliebt wie am ersten Tag. Und dennoch wage ich es, mich zu beklagen? Schämen sollte ich mich! Tu ich auch. Manchmal.

Seit ich wieder arbeite, habe ich meinem Mann abends etwas Interessanteres zu erzählen als „Sohn-hat-Hausaufgaben-toll-gemacht-und-Tochter-hat-dreimal-gepfundet“.

Supermami ist natürlich auch der Meinung, dass die Kinder ihre Mutter brauchen. Sie riet mir damals, ich solle doch lieber zu Hause bei ihnen bleiben – am besten bis zu ihrer Volljährigkeit. Sie

betont nach wie vor gerne, dass sie ihren Job wegen Attila aufgegeben hat, weil es einfach besser für ihn ist und weil er sich so wahnsinnig freut, mittags nach Hause zu kommen und seine Mami vorzufinden. Immer. Natürlich habe ich ihr verschwiegen, dass Attila meinen Kindern gegenüber immer wieder den Wunsch äussert, ebenfalls den Mittagstisch zu besuchen. Da gibt's nämlich Pommes frites und Pizza. Und man kann mit den anderen Kindern Blödsinn machen!

Ich freute mich also auf den Tag – der plötzlicher kam, als mir lieb war –, an dem ich mich morgens wieder duschen und schminken MUSSTE, um aus dem Haus zu gehen und etwas Produktives zu vollbringen. Dass ich bald schon wieder von zu Hause aus arbeiten und nach wie vor selten geduscht und geschminkt sein würde, konnte ich damals nicht ahnen. So oder so habe ich meinem Mann abends etwas Interessanteres zu erzählen als „Sohn-hat-Hausaufgaben-toll-gemacht-und-Tochter-hat-dreimal-gepfundet".

Ob ich ein schlechtes Gewissen habe, weil ich keine Hundert-Prozent-Mama bin? Manchmal. Selten. Eigentlich nie. Sorry, wenn ihr was anderes hören wolltet

Selbstständig ist die Mutter!

Freiheit! Keine Kollegen, keine festen Arbeitszeiten, nicht mal ein richtiger Chef, der dir sagt, was du zu tun hast. Selbständig arbeiten ist das Jobparadies auf Erden! Das Einzige, was du einhalten musst, sind Termine. So dachte ich.

Dienstag und Donnerstag musst du kreativ sein, dann nämlich, wenn die Kinder betreut werden.

Niemand hatte mir gesagt, dass keine festen Arbeitszeiten zu haben eben auch bedeutet, dass du eigentlich dauernd dran bist. 24/7! Ich kann keine TAGESSCHAU mehr sehen, ohne zu überlegen, ob sich eines der Themen gesellschaftskritisch ausschlachten lässt. Jedes Gespräch mit der Nachbarin wird auf die Möglichkeit hin ausgelotet, ob ich etwas davon für einen Blog-Eintrag übernehmen könnte. Jeder noch so unbedeutende Titel in der Zeitung wird im Hinblick auf meine Schreibe inspiziert. Jede meiner Handlungen – ob Wäsche waschen oder Kinder baden – wird von mir auseinandergenommen und untersucht, ob ich sie irgendwie für einen Artikel zum Thema „moderne Hausfrau" oder Ähnliches ausschlachten kann.

Und keine Kollegen heisst übrigens eigentlich nur eins: die totale Einsamkeit. Die einzigen Erwachsenengespräche führst du bei den seltenen Meetings oder abends mit deinem Mann. Und interessanterweise fragen dich alle erst einmal nach den Kindern – und erst im Anschluss, wie es im Job läuft. Ausserdem glauben Menschen in Festanstellung ernsthaft, du könntest arbeiten, während die Kleine spielt ... Meine Tochter ist ein Kind, kein Goldfisch!

Der letzte Punkt, kein richtiger Chef, bedeutet schliesslich, dass du dir alles selbst aus den Fingern saugen musst. Darfst. Wie auch immer, du musst enorm viel Selbstdisziplin aufbringen. Der innere Schweinehund, der dir einflüstert, du könntest doch geradeso gut ein gutes Buch lesen statt eins zu schreiben, wo du schon mal das ganze Haus für dich hast, muss auf brutalste Weise um die Ecke gebracht werden! Und du mutierst zur Schweinehund-Mörderin, immer wieder, vor allem dann, wenn dein Abgabetermin näher rückt, dir sowohl dein Verleger als auch deine Chefredakteurin im Nacken sitzen – und deine Lektorin dir vorrechnet, dass ihr es nie schaffen werdet, dieses Buch vor dem Sommer rauszubringen, wenn du dich nicht endlich hinsetzt und es fertigschreibst!

Das ist aber einfacher gesagt als getan. Denn Schreiben erfordert Kreativität und Konzentration. Erstere hat sich gefälligst am Dienstag und Donnerstag einzustellen, dann nämlich, wenn die Kinder betreut werden. Nur dann kann ich auch für Punkt 2 garantieren, die Konzentration. Ein kreativer Einfall ausserhalb meiner Öffnungszeiten müsste dank moderner Technik, Smartphone und Laptop problemlos zu meistern sein. Könnte man meinen. Doch wenn die Kinder eben nicht versorgt, sondern zu Hause sind, sieht das realistischerweise eher folgendermassen aus. Ich hab eine Idee ... Sofort aufschreiben. „Mami!?“ Absatz. „Ich habe Hunger!“ Speichern. „Ja, gleich, mein Schatz!“ Also, wie war der Titel noch mal? Richtig! Weiter. „Mamiiiiii!?“ ... Bis ich einen halbwegs fertigen Text zustande gebracht habe, ist der Kühlschrank geplündert, haben die Kinder zwei Filme gesehen, gebadet und gegessen (o ja, auch diese Zeit wird genutzt). Wenn sie dann endlich im Bett sind, reicht es vielleicht noch für einen Schlusssatz. Das sind nicht meine besten Texte, das versichere ich euch!

Trotz alledem würde ich nie wieder anders arbeiten wollen. Denn wie sonst kannst du im Pyjama auf dem Sofa, mit einem Glas Wein in der Hand dein Geld verdienen?

DU BIST EINE RABENMUTTER

wenn du die Kinder vor den Fernseher setzt,
um in Ruhe zu lesen, zu baden oder
dir die Nägel zu lackieren.

Danksagung

Nein, an dieser Stelle erfolgt nicht DIE Danksagung, die am Ende jedes Buches steht, in der man sich bei allen Menschen bedankt, die einem geholfen haben, das Projekt zu überstehen. Die kommt auch bei diesem Buch auf den letzten Seiten. Diese Danksagung ist an die Erfinder der Flimmerkiste gerichtet. Die Rede ist von jenem Gerät, das in fünfundneunzig Prozent der Schweizer Haushalte im Wohnzimmer steht und nach dem die Polstergruppe ausgerichtet ist. Gemeint ist die Kiste, die wir vor den Kindern gelegentlich zur Kenntnis nahmen, wenn gerade mal weder ein Apero noch Kino, noch eine Party angesagt waren.

Ob wir nun viel fernsehen oder weniger, das TV bestimmt vielleicht nicht unser Leben, doch manchmal unseren Tagesablauf. Und das, obwohl wir uns alle gesagt hatten, unsere Kinder bräuchten vor dem Schulalter ganz bestimmt nicht fernzusehen, sie sollten lieber mit ihrem pädagogisch wertvollen Holzspielzeug spielen! (Dass ebendieses innerhalb kürzester Zeit von mir durch billiges Plastikspielzeug mit Blink- und Geräuscheffekten ausgetauscht wurde, dürfte nach der bisherigen Lektüre wohl jedem klar sein, oder nicht?)

Ich bin der Meinung, dass das Fernsehen einfach zu unserer Kultur gehört und – richtig eingesetzt – zur Allgemeinbildung beiträgt. Da! Ich hab's gesagt! Fernsehen ist nicht nur dumm. Wenn man die Privatsender einmal ausser Acht lässt, bietet das Programm einiges an Qualität. Auch für Kinder. Gewisse Sendungen und Filme sind sogar für Erwachsene witzig. Man denke nur an die Animationsfilme von DISNEY, PIXAR, DREAMWORKS und Co. Wer von uns hat sich nicht schon einmal im Voraus etwas gelangweilt mit den Kindern ins Kino gesetzt, in der Erwartung einer seichten, einfach gestrickten Kinderunterhaltung – um spätestens nach einer halben Stunde vollkommen gefesselt zu sein und mit den Hauptfiguren mitzufiebern? Eben! Und wer würde mir widersprechen, wenn ich sage, dass jene Klassiker, die ich als Kind schon gesehen habe, doch ein Stück weit zur – und sei es nur zur kulturellen – Bildung unserer Kinder beitragen. Immerhin zählen ASTRID LINDGREN und ERICH KÄSTNER zu unserem klassischen Literaturerbe.

Böse Zungen behaupten, ich benutze das TV als Babysitter.

All das erklärt aber noch nicht, wieso ich so dankbar für das Fernsehen bin. Ich muss es gestehen: Ich gehöre nicht zu den Müttern, die gemeinsam mit ihren Kindern fernsehen, kommentieren und erklären. Ich sehe das TV tatsächlich als

Beschäftigung. Böse Zungen würden sagen, ich benutze es als Babysitter. Ich bin dankbar für den Fernseher, weil ich sonst sehr viel weniger Ruheinseln in meinem Alltag hätte. Weil ich ohne ihn ab dem Krabbelalter meiner Kinder wohl nie mehr hätte duschen können. Weil Leon heute schulterlange Haare hätte, gäbe es beim Coiffeur keine Trickfilmablenkung. Weil ich weniger Erpressungs- und Bestechungsmaterial zur Hand hätte. Zuzugeben, dass ich eine dieser Mütter bin, die ihren Kindern das böse Medium zumutet und dann auch noch aus derart egoistischen Gründen – das hat mich viel Überwindung gekostet. Aber es muss einfach gesagt werden: Kindersender retten mir oftmals den Tag. Ohne sie hätte ich übrigens auch diesen Text niemals schreiben können

Beim 2ten Mal

Es gibt bemerkenswerte Unterschiede zwischen der allerersten und allen folgenden Schwangerschaften. Abgesehen von den körperlichen Leiden und hormonellen Umständen gibt es grundlegende Abweichungen bezüglich der Verkündung des anstehenden Nachwuchses.

Bei der ersten Schwangerschaft ist der Vater des Kindes im Normalfall der Erste, der davon erfährt. Sie macht aus dieser Nachricht vielleicht sogar einen Event. (Recherchen in diversen Foren ergaben, dass viele die frohe Botschaft allerdings einfach per SMS versandten. Mir käme das wie Telefonsex vor ...) Die Erstschwangere hat die Illusion, der angehende Papa würde sich auf dieselbe Art freuen wie sie: leicht hysterisch, Tränen in den Augen, in seiner Vorstellung das Bild der zukünftigen Familie bereits auf seinem Schreibtisch stehend.

Bei der zweiten Schwangerschaft ist sie schlauer und freut sich mit Leuten, die das angemessen können. In meinem Fall erfuhr meine Freundin als Erste davon. Ich sandte ihr ein Bild des Testergebnisses per MMS – danke, schöne moderne Welt. Am Telefon gaben wir daraufhin unsinnige Laute von uns wie „Wow" und „Uii!". Bis mir wieder schlecht wurde. Währenddessen rannte sie in den nächsten Babymarkt und deckte sich am Kiosk mit Magazinen zum Thema ein. Männer tun so etwas nicht. Deshalb erfuhr der Monsieur auch erst als Zweiter, dass er zum zweiten Mal Papa wird. Denn Männer sind anders. Sie informieren sich auch nicht online über Themen wie Damm-Massage, Brustabtasten und Öle, die Schwangerschaftsstreifen verhindern. Tun sie einfach nicht. Vielmehr führt die Neuigkeit bei ihnen eher zu Angstschweiss: Sie fürchten, in den nächsten zwei Jahren wieder beim Wickeln angepinkelt zu werden, die Spucke am sauberen Hemd erst im Büro zu bemerken, täglich vom Nachwuchs das Wort „Neeeeiiiiin" mit über hundert Dezibel zu vernehmen und natürlich nie mehr durchschlafen zu können ... Was soll ich sagen, die Angst ist berechtigt!

Die Nachricht über neuerlichen Nachwuchs führt bei Männern zu Angstschweiss ... Was soll ich sagen, die Angst ist berechtigt!

Auf das zweite Mal!
Santé!

Papa macht's anders

Die Hebamme nahm mich am zweiten Tag meines Mutterseins zur Seite und beschwichtigte mich mit den Worten: „Lassen Sie Ihren Mann ruhig machen, er macht Dinge vielleicht anders, aber nicht weniger gut.“ Natürlich musste ich ihr glauben, schliesslich war er es, der die ersten vier Tage für unseren Sohn sorgte. Dank der Kaiserschnittnarbe konnte ich nach der Entbindung nämlich erst einmal nicht aufstehen. Also wickelte Papa, wenn er bei uns im Krankenhaus war, und offensichtlich machte er das wunderbar, niemand beklagte sich.

Spätestens als ich wieder auf den Beinen war, fingen jedoch die Reibereien an. Denn es gibt viele Dinge, die Papa einfach anders macht. Anders als ich. Warum das so ist? Ich kann mir nur folgenden Reim drauf machen:

PAPA merkt nicht, wenn T-Shirt und Hose schon gestern im Wäschekorb hätten landen müssen, denn väterliche Augen haben offenbar keinen Sensor für versabberte Textilien.

PAPA weiss übrigens auch nicht, wo die Waschmaschine steht, wenn das Baby verpinkelte Bodys hat ...

PAPA ist farbenblind, drum sieht er nicht, dass dieser Rock so gar nicht zu dem Oberteil passt.

PAPA ist eine Memme und macht aus seinen Kindern ebensolche Memmen, denn er traut sich nicht, die Windel enger festzukleben. Und wer wechselt danach das Bettlaken, wenn morgens um drei besagte Windel überquillt?

PAPA vergisst einfach gerne, dass ein Säugling kein Diabolo ist, das man durch die Luft schleudern soll. Wenn das Kind dann kotzt, schaut Papa ganz verdutzt.

PAPA leuchtet nicht ein, dass man Kinder nicht aufputschen soll, bevor sie zu Bett gehen. Und er wird dann tatsächlich noch sauer, wenn sie nach zehn Minuten Toben doch nicht schlafen wollen.

PAPA weiss schlicht und einfach nicht, dass Kinder partout keine Geduld aufbringen können, wenn er ihnen verspricht, „gleich“ zu kommen – und nach einer halben Stunde immer noch am Computer sitzt.

PAPA meint, ein Superheld zu sein, wenn er nachts zweimal aufstehen musste, weil das Baby weint ... Sollen wir wirklich mal zählen, Liebling?

PAPA denkt, Brotkrümel verschwinden vom Schneidebrett durch Zauberhand. Diese Hand scheint für Papa auch seine Unterhosen in den Wäschekorb zu legen.

PAPA versteht nicht, dass kleine Schüsseln in die grossen gehören, und nicht umgekehrt!

Mütter, ihr wisst, was ich meine. Die Väter unter den Lesern werden wohl auch nach diesen Zeilen nicht verstehen, was daran so schlimm sein soll. Sie machen es eben anders, na und?

MAMA-STYLING

PAPA-STYLING

Neue Väter spülen weicher

Heute ist wohl allen klar, dass Väter etwas mehr bieten sollten, als die Brötchen zu verdienen und am Wochenende mit den Kindern das Fastfood-Restaurant zu besuchen. Frau möchte einen präsenten Vater und patenten Hausmann an ihrer Seite – vor allem, wenn sie von der (bezahlten) Arbeit nach Hause kommt. Das sehen auch viele Männer heute so, aber manchmal reden wir immer noch aneinander vorbei.

So erklärte „Papeli“ (ich kann es noch immer nicht fassen, dass Supermami ihren Mann wirklich so nennt) auf dem Spielplatz: „Ich habe mein Arbeitspensum reduziert, um mehr von der Familie zu haben, öfter für sie da zu sein. Anfangs dachte ich, ich helfe meiner Frau an diesem Tag auch beim Haushalt, doch ich habe festgestellt, dass mir die Zeit mit meinem Sohn viel wichtiger ist.“ Ich sah den anwesenden Müttern an, dass sie „Papeli“ am liebsten mit der Sandschaufel erschlagen hätten. Klar, uns Müttern ist der Haushalt viel wichtiger als die Kinder, deshalb machen wir ihn auch mit so viel Begeisterung und Elan! Besagter Vater erklärte weiter, wie wichtig und bereichernd das Spielen mit seinem Sohn sei. Er verbringe ganze Tage mit ihm draussen, das sei für ihn unverzichtbare quality time. Und als er das sagte, klang er so weichgespült wie ein Plüschtier.

Ein anderes Beispiel aus unserem Bekanntenkreis: der Professor. Er weiss einfach alles über PEKIP, TRIPLE P, MEKONIUM, wunde Brustwarzen und die perfekte Zubereitung eines Schoppens. Und er erklärt es auch jedem, der es hören will – natürlich auch denen, die es eben nicht interessiert. Es ist derselbe Mann, der schwangerer war als seine Frau, die sich fast von ihm getrennt hätte, als er ihr anbot, ihren Damm zu massieren, damit dieser unter den Presswehen nicht reissen würde.

Auch der Vater meiner Kinder bewegte sich auf dünnem Eis, als er innerhalb von drei Tagen die gesamte Zinkcreme aufgebraucht hatte, weil Emmas Po leicht gerötet war. Oder als er sie zum x-ten Mal zu uns in Bett nahm, um sie zu beruhigen, wenn sie nicht schlafen konnte. In Wahrheit hatte er einfach das Bedürfnis, sie bei sich zu haben. Natürlich ist das süss. Wenn ich allerdings so um meinen Schlaf gebracht werde, hört der Spass auf.

Irre ich mich oder sind allzu liebe, besorgte und zuvorkommende Väter doch irgendwann unsexy, weil ihnen das Männliche abhandengekommen ist? Neuste Studien besagen das Gegenteil: Biologisch gesehen suchen sich Frauen angeblich die lieben Familientypen aus und nicht so die machoiden Muskelpakete. Im Extremfall mag diese Regel sogar stimmen. Doch mal ehrlich: Wie attraktiv – ich rede hier von sexueller Anziehung – finden wir einen Mann, der sechzehn Stunden am Tag das Tragetuch umgebunden hat? Oder einen, der sämtliche Schwangerschaftsratgeber liest, so dass er besser über unsere intimsten Zonen Bescheid weiss als wir? Oder ebenjenen, der sich sooo sehr mit unseren Kleinen beschäftigt, dass er erst abends dazu kommt, sein verkotztes T-Shirt zu wechseln – und der dann auch noch heimlich dran riecht?

Wie sexy ist ein Mann, der sechzehn Stunden am Tag das Tragetuch umgebunden hat?

Damit wir uns richtig verstehen: Auch ich möchte einen präsenten Vater für meine Kinder, einen, der sich um sie kümmert und für sie da ist. Doch ich sehe nichts Schlimmes daran, wenn er dies in einem anständigen Outfit tut und ohne die Ambition, eine bessere Mutter zu sein als ich. Ich habe mir fest vorgenommen, keine dieser weichgespülten Mütter zu werden – und entsprechend kann ich nichts Attraktives daran finden, einen Mann zu Hause zu haben, der genau die Fehler macht, die ich eben zu vermeiden suche

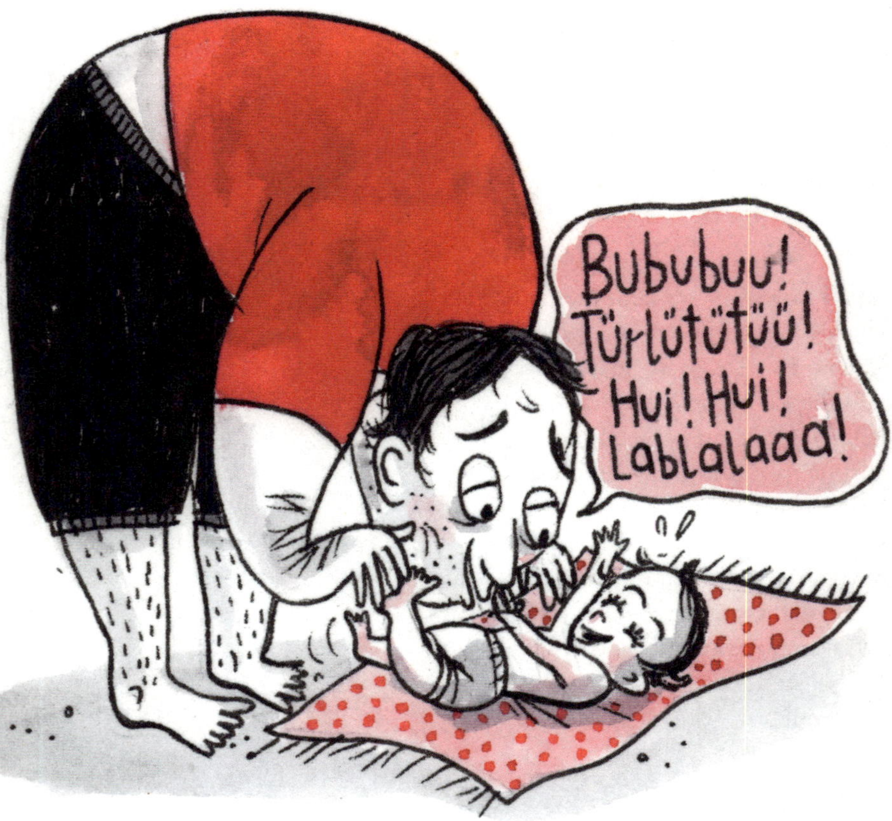
Bububuu! Türlütütüü! Hui! Hui! Lablalaaa!

DU BIST EINE RABENMUTTER

wenn du dich für die Erzählungen deines Mannes
aus der Arbeitswelt mehr interessierst
als für den Bericht deines Sohnes über Attilas
neues Velo.

Die guten alten Väter

Ich kann es nicht mehr hören! Überall hört man laute – oft weibliche – Stimmen, welche die sogenannten neuen Väter rühmen, Loblieder auf sie singen und den nur Teilzeit arbeitenden Vater als den einzig wahren hochstilisieren. Wochentagsväter, Stay-at-home-Dads, Vollzeitpapas, und wie sie sonst noch genannt werden, sind die neuen Frauenhelden.

Es gibt eine unterschwellige, sehr hoch gesetzte Latte, die den alten Vätern das Gefühl gibt, familientechnische Versager zu sein.

Wie immer bin ich der Meinung: Wenn es für eine Familie das richtige Modell ist, bitte schön! Jeder soll nach seiner Fasson glücklich werden. Was mich dabei stört, ist die unterschwellige, sehr hoch gesetzte Latte, die den alten Vätern das Gefühl gibt, familientechnische Versager zu sein. Uns Frauen geht es schon lange so. Sobald wir uns die Frage stellen, was eine gute Mutter eigentlich auszeichnet, wird uns bewusst, dass wir es niemandem recht machen können. Und nun sind offenbar die Männer dran. Wer in den Achtzigern noch als Softie beschimpft wurde, weil er die Wäsche wusch und die Kinder zum Arzt begleitete, ist heute ein guter Vater. Im Umkehrschluss bedeutet das, dass ein Vollzeit arbeitender Vater, der gar Überstunden schiebt, ein schlechter Vater ist. Er verbringt ja viel weniger Zeit mit seinem Nachwuchs, als er das eigentlich sollte. Nun will ich natürlich nicht leugnen, dass es da draussen leider viele Väter gibt, die sich viel zu wenig einbringen und für die ihre Kinder lediglich eine Wochenendbeschäftigung darstellen – aber es gibt eben auch die anderen. Und ihr ahnt es schon, einer von denen ist der Vater meiner Kinder.

Unser Wochenendpapi ist eben keiner, der die Kinder in seiner Freizeit links liegenlässt, um seine wohlverdiente Ruhe zu geniessen, oder noch schlimmer, einer, der sie verwöhnt bis zum Umfallen, weil er sonst nicht weiss, was er mit ihnen anfangen soll. Er ist auch keiner, der die gesamte Erziehung der Mutter überlässt. Er denkt und erzieht mit, sorgt sich, wenn sie krank sind, und ist notfalls zur Stelle, wenn's brennt. Es wurden sogar schon wichtige Sitzungen abgesagt. (Männer tun ja immer so, als seien sie Herzchirurgen in der Notaufnahme: „Da muss ich unbedingt dabei sein!" Klar, sonst geht wohl die Welt unter ...) Der Vater meiner Kinder macht ausserdem die besseren Geschenke und unternimmt

Ausflüge mit ihnen, auf die Mami weder Zeit noch Lust hat. Nicht zuletzt arbeitet mein Mann so viel, um uns ebenden Lebensstandard zu sichern, den wir geniessen.

Das war jetzt eine schöne Liebeserklärung an den Monsieur, nicht? Ob ich mir einen Teilzeit arbeitenden Mann auch vorstellen könnte? Unter uns, als unsere Tochter auf die Welt kam, war er drei Monate zu Hause. Drei Monate! Ich denke, es war für alle Beteiligten ganz o.k., als er danach wieder arbeiten ging

Libidotöter

Verwendet ihr Kosenamen? Nicht für die Kinder, da kann man fast nicht anders. Zwar hatte ich mir auch das anders vorgenommen, schliesslich haben wir den Kindern ja schöne Namen ausgesucht, aber irgendwie schleicht sich das ein, ob man will oder nicht. Ich nenne meine Kinder immer öfter „Schätzeli". Auch in der Öffentlichkeit. Was ich aber eigentlich meine, das sind Kosenamen für euren Liebsten. Für den Mann, mit dem ihr – vor den Kindern – leidenschaftlichen Sex hattet. Der Mann, mit dem ihr ganze Nächte wach gelegen seid und euch euer Leben erzählt habt. Der Mann, dessen Stärke euch schon beim ersten Treffen beeindruckt hat. Nennt ihr diesen Mann heute „Schahatz"? Oder gar „Mausi"?

Der Monsieur (das geht nicht als Kosename durch, weil es ihn nicht verniedlicht!) und ich haben keine Kosenamen füreinander, wir nennen uns beim Vornamen. Die Verkleinerungsform im Normalfall und den ganzen Namen, wenn wir sauer sind oder sicher sein wollen, dass der andere zuhört. Auf jeden Fall ist der ursprüngliche Name ersichtlich und enthält weder Üs noch Äs, noch lis.

Wir nennen einander beim Namen, ohne Üs, Äs oder lis.

Supermami hingegen hat Kosenamen für alle. Auch für ihren Sohn mit dem passenden Namen Attila. Wo er einmal hingetreten ist, wächst kein Gras mehr. Daran ändert die Tatsache, dass sie ihn lieblich „Schnüfel" nennt, gar nichts. Im Gegenteil. Wie kann man jemandem einen Kosenamen geben – was ja impliziert, dass dieser Jemand süss und lieb ist –, der einen dauernd ankeift wie ein kleinwüchsiger Diktator? Da ist Attila doch sehr viel passender. Oder Adolf.

Wie immer bei Supermami – es kann noch schlimmer kommen. Als ich sie gerade kennengelernt hatte, erzählte sie mir, heute hätte „Papeli" Geburtstag. Das sagte sie mit einer solchen Selbstverständlichkeit, als wäre vollkommen klar, von wem sie spricht. Doch wer um Himmels willen war „Papeli"? Ich überlegte. Wir haben für die Grosseltern unserer Kinder auch keine landesüblichen Bezeichnungen: Nonna, Omama, Giddo und Grossvater (Letzteres ist zumindest jedem verständlich). Also könnte Papeli doch ihr Vater sein, Attilas Grosspapi. Oder doch der Papagei? Ich stellte mir vor, dass das vielleicht sein erstes Wort gewesen war, dass die Familie eines Morgens durch ein „Papeli, papeli" geweckt worden war und ihm deshalb diesen Namen gegeben hatte. Es hätte zu Supermami gepasst, den Geburtstag des Haustiers gebührend zu feiern!

Auf die Idee, es könnte sich tatsächlich um Attilas Vater, also Supermamis Mann handeln, wäre ich nicht gekommen. Sie nennt ihren Geliebten – denn das war er doch zumindest irgendwann einmal – „Papeli“? Sofort stellte ich mir die beiden im Bett vor. (Glaubt mir, das hat mich einige Überwindung gekostet.) Sie haucht ihm leidenschaftlich, atemlos „Papeli, Papeli“ ins Ohr und raunt ihm gleich danach mit lüsternem Blick zu: „Papeli, willst du auch ein Glas Bio-Orangensaft? Natürlich selbstgepresst ...“

Hallo Papeli...
ATTILA

Memmen-Mutti

Immer wieder höre ich von XXL-Familien, Müttern mit vierzehn Kindern und Clans, die seit Generationen den nationalen Durchschnitt in Bezug auf den Nachwuchs nach oben drücken. Erzählungen von Eltern, die den Alltag mit Bravour meistern und ihre Kinder gezwungenermassen zur Selbständigkeit erziehen, irritieren mich zuweilen. Einerseits bewundere ich diese Mütter, für die ihre Kinder der reine Segen sind und für die Schnäppchenjagen ein spannendes Hobby darstellt. Andererseits zieht mich die Erkenntnis, wie unfähig ich im Gegensatz zu ihnen bin, regelmässig runter. Meine beiden Kinder, ihre Erziehung, mein Beruf und mein Haushalt fordern mich managementtechnisch bereits derart, dass es für mich unvorstellbar ist, wie ich all das bewerkstelligen sollte, wenn ich mit einem Dutzend mehr Kindern gesegnet wäre. Und all das ganz ohne Valium und Supernanny.

Besonders die Wintermonate sind anstrengend: an Folter grenzender Schlafmangel, weil Magen-Darm- und andere Grippeviren reihum alle Familienmitglieder niederstrecken; eine kleine Pestbeule mit enormem Entdeckungsdrang (unsere WC-Bürste hat es schon bis in den Garten geschafft) und eindeutig zu wenig Möglichkeiten, sich auszutoben – dazu ein paar neue Aufträge, die natürlich vorgestern hätten erledigt sein sollen. Das haut die beste Projektmanagerin um. Hoffe ich zumindest. Mich auf jeden Fall, dabei wollte ich immer eine coole Mutter sein. Eine, die den Kochlöffel schwingt und gleichzeitig Mails beantwortet. Eine, die gleichzeitig ihre kranken Kinder liebevoll umsorgt, ihnen Essigsocken macht, die bösen Viren wegsaugt, etliche Waschmaschinen laufen lässt und mit einem Lächeln im Gesicht ihr Buch schreibt. Die Realität, zumal im Winter, sieht im Hause Sassine ganz anders aus ...

5.30 Uhr: Der Monsieur steht unter der Dusche und macht sich bereit für einen langen Arbeitstag voller wichtiger Steering Meetings, Briefings und Pitches. (Klingt besser als Projektsitzungen, Auftragserteilungen und Präsentationen, nicht?) Indes wacht Emma auf (nachdem sie uns nachts schon um 0.30, 1.00, 2.30, 3.15 und 4.15 Uhr geweckt hat) und will definitiv nicht mehr schlafen. Sie klagt über volle Windeln, die ich ihr sogleich ausziehe, um neue aus der Schublade zu holen. Das Geräusch eines sich entleerenden Wasserballons lässt mich erahnen, dass die Darmgrippe weiter andauert. Während ich den Wickeltisch, den Kinderzimmerteppich, meine Pyjamahose und die Hände meiner Tochter mit trockenen Feuchttüchern (trocken, weil der Monsieur wieder einmal die Tücherbox offen gelassen hat) zu reinigen versuche, ertönt aus Leons Zimmer ein merkwürdiges Geräusch. Sogleich hechte ich über den Gang und versuche im Halbdunkel zu erkennen, was das für ein kleiner Haufen vor dem Bett ist. In der Hoffnung, es handle sich um schmutzige Wäsche, drücke ich den Lichtschalter. Bis sich meine

Augen an das grelle Licht gewöhnt haben, hat mein Geruchssinn trotz Schnupfen eindeutig klären können, dass der kleine Haufen den gesamten Mageninhalt meines kleinen Grossen darstellen muss. Dieser sitzt weinend im Bett und würgt weiter. Es ist mittlerweile 5.45 Uhr.

Obwohl ich den Geruch der zwei Ks nicht mehr aus der Nase kriege, zwinge ich mich, einen starken Kaffee zu trinken. Ich sage alle Termine ab, informiere meine Chefredakteurin, dass mein Artikel erst Ende der Woche kommen wird und ich das Interview ganz wegfallen lasse. Insgeheim hoffe ich, dass die Kinder krank genug und somit ausser Gefecht sind, damit ich wenigstens ein paar Zeilen aufs Papier bringen kann. Doch Quengeln, Weinen und Kotzen füllen den Vormittag aus. Mein Papier bleibt vorwiegend leer – mein Magen auch, das ganze Haus riecht nämlich immer noch nach K und K ...

Meine Multitasking-Fähigkeiten schwinden zusehends.

Nachmittags geht es den Kindern schon viel besser: Sie wollen raus. Nicht zur Schule, aber draussen spielen? Geht gar nicht! Was würde Supermami sagen, wenn ihr keimfreier Attila angesteckt würde? Also muss sich Mama mit ihnen beschäftigen, anstatt wie vorgesehen endlich ihren Artikel fertigzuschreiben. Wie aber beschäftige ich zwei Kinder mit fast fünf Jahren Altersunterschied gleichzeitig? Sie kann noch nicht Uno spielen. Er will keine Bilderbücher mehr anschauen. Ihr ahnt es: Ich setze sie vor den Fernseher. Abgesehen davon, dass ich keine langweiligen Bücher lesen oder Spiele spielen muss, hat das nämlich einen weiteren Vorteil: Ich kann weiterschreiben! Der Nachmittag ist gerettet!

Nach einem kurzen Zwischenhoch wird die morgendliche Überforderung abends noch überboten. Der Monsieur kommt – ebenfalls krank – nach Hause und fällt sofort in einen komatösen Schlaf. Ich stecke die Kinder in die Badewanne, in der Annahme, dass der sonst sehr hilfreiche Papa bald – möglichst frisch – aufwachen wird und sich zu ihnen gesellt, während ich koche. Tut er aber nicht. Aufwachen, meine ich. Trotzdem fange ich schon mal an zu kochen – die Hoffnung stirbt zuletzt. Eigentlich bin ich ja froh, dass die Kinder im Bad stecken, so stört mich keiner in der Küche. Als der Papa aber nach einer halben Stunde immer noch keine Anstalten macht, aus seinem Koma zu erwachen, bleibt mir doch nichts anderes übrig, als die Kinder völlig verschrumpelt aus dem Wasser zu holen – schliesslich möchte ich nicht, dass sie sich auch noch erkälten. Unser Abendessen setze ich derweilen der Gefahr aus anzubrennen. Und dann geht der Stress erst richtig los. Emma krabbelt mir ungelenk zwischen den Füssen herum, während ich versuche, das Essen zu retten. In Leon hat das Bad die

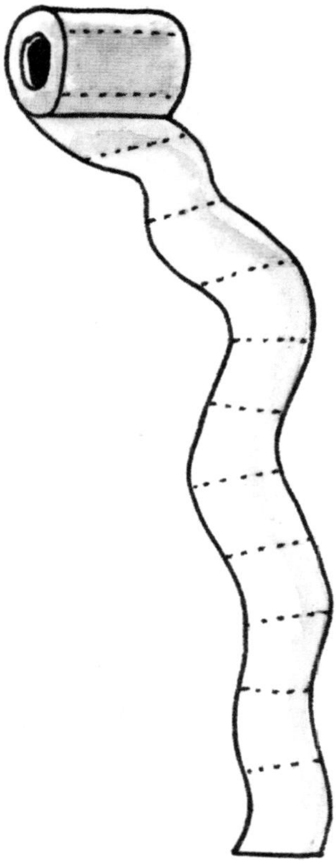

Lebensgeister geweckt, er quasselt mich voll über Beethoven und dass er taub war und trotzdem so tolle Musik schreiben konnte. Lauthals brüllt er – nein, Singen kann man es nicht nennen – „Freude schöner Götterfunken, Tochter aus“ (man achte auf den Text) „Aluminium“ ... Völlig entnervt knalle ich ein nicht gerade ansehnliches Abendessen auf den Tisch, zu dem der gnädige Herr dann doch noch rechtzeitig wach wird. Das Knurren, das am Tisch zu vernehmen ist, rührt nicht von meinem Magen her.

Für Supermami mag solch ein Tag vielleicht Pipifax sein. Ich hingegen bin eine Memme, ich gebe es zu. Meine Multitasking-Fähigkeiten schwinden zusehends. Sah ich mich früher als eine Art Ich-kann-reden-zuhören-schreiben-waschen-bügeln-sexy-sein-und-das-alles-gleichzeitig-Supergirl, so fällt es mir heute schon schwer, die Wäsche zusammenzulegen und nebenbei dem Monsieur zuzuhören, der von seinem Tag berichtet. Für mich ist folglich ein Tag wie der beschriebene ein Fiasko. Zu toppen ist das nur noch durch ein Szenario: Ich selbst werde krank

Also mit meinem Fenchel-Anis-Kümmel-Magen-Darm-Tee wäre es ihnen ganz schnell besser gegangen.

Die Frage ohne Antwort

Noch besser sind natürlich ein paar Tage am Stück zu zweit. Letzten Sommer durften wir wieder einmal einfach ein Paar sein. Nur der Monsieur und ich. Ohne Kinder, ohne Beruf, ohne Alltag. Wunderbar! Fünf Tage, vier Nächte – wie früher. Nur dass eben nichts mehr so ist wie früher. Früher waren wir zu zweit, heute sind wir zu viert, auch wenn wir als Paar unterwegs sind. Wie man es auch dreht, die Kinder sind immer dabei ...

Diese kleinen Wesen wollen beschützt werden, sie sollen nur das Beste bekommen. Und das Beste sind wir – die Eltern. Wir sorgen für ein Dach über dem Kopf, den vollen Teller, die Ausbildung. Vor allem aber geben wir unseren Kindern diese unbeschreibbare Liebe, von deren Existenz wir vorher gar nichts wussten. Was also, wenn uns Eltern auf dem Weg in unser egoistisches, romantisches Wochenende etwas passiert? Diese Frage, die ich mir unter normalen Umständen nicht stelle, kroch wenige Tage vor unserer Abreise eines Nachts langsam und fies in mein Bewusstsein. Und wurde sogleich wieder verdrängt. Doch sie blieb hartnäckig und kam wieder an die Oberfläche, um mich daran zu erinnern, welche Verantwortung Kinder mit sich bringen. Was alles passieren könnte! Das Flugzeug könnte abstürzen, wir könnten mit dem Mietauto am Fusse eines bretonischen Felsens landen, die Austern könnten vergiftet sein, oder wir werden überfallen und getötet ... Der Phantasie sind in solchen Momenten keine Grenzen gesetzt.

Was, also, wenn wir nicht mehr wären? Ich will jetzt gar nicht erst die pathetische Diskussion führen, wie unsere Kinder den Verlust beider Eltern verarbeiten würden, sonst kommen mir die Tränen und ich sehe nicht mehr, was ich schreibe. Bleiben wir also sachlich: Wen würde ich auswählen, um meine Kinder in Zukunft zu betreuen, zu erziehen, kurz – zu lieben? Bei wem würden meine Kinder wohnen? Die Grosseltern sind zu alt, Gotten und Göttis haben fast alle selbst Kinder und schlichtweg keinen Platz, um deren Anzahl zu verdoppeln. Ausserdem müsste man die Kinder dann aus ihrem gewohnten Umfeld reissen, was der Trauerphase nicht gerade förderlich wäre.

Vielleicht habt ihr mich durchschaut. Ich suche nach Ausreden, um die eigentliche Frage nicht stellen zu müssen: Wer würde die Kinder genauso lieben wie wir? Und wen würden sie genauso lieben wie uns? Kann man diese Frage beantworten? Können sich Eltern überhaupt vorstellen, dass ihre Kinder einmal die Kinder von jemand anderem werden? Dass sie sonntagmorgens in ein anderes Bett steigen, um mit anderen Eltern zu schmusen? Dass sie jeden Abend einem anderen Vater „Papiiii!" brüllend entgegenrennen? Und dass sie einer anderen Mutter ihren Kummer erzählen?

Vor ein paar Jahren schickten wir ein befreundetes Paar in den Urlaub und übernahmen ihre damals vierjährige Tochter und den dreijährigen Sohn für eine Woche.

Diese Eltern scheuten sich im Gegensatz zu mir nicht, diskutierten die Frage zu Ende und beantworteten sie in einem Testament. Das Internet steht natürlich auch hierfür mit Rat und Tat zur Seite. Uns Eltern wird empfohlen, ein formal korrektes Testament aufzusetzen, in welchem der Vormund festgelegt wird. Doch die Frage, wie ich einen geeigneten Vormund auswähle, beantwortet mir auch das World Wide Web nicht.

Wer würde die Kinder genauso lieben wie wir?

Bevor wir wegfuhren, hätten wir vernünftigerweise ebenfalls ein Testament schreiben sollen. Doch wir konnten die Diskussion einfach nicht führen, da wir, beim Gedanken an unsere Kinder, die fortan ohne Mami und Papi leben müssen, einen Kloss im Hals hatten und verstummten. Also liessen wir es darauf ankommen – und hatten natürlich Glück: keine Un- oder Überfälle, keine vergifteten Schalentiere. Alles ging gut. Gesund und munter durften wir sie fünf Tage später glücklich in die Arme schliessen und wollten sie natürlich nie mehr allein lassen. Bis zum nächsten Mal

O sole mio...

Erziehung aus Eigennutz

Schon bevor wir Kinder hatten, waren wir uns relativ einig, wie wir sie erziehen wollten: angemessen streng, aber verständnisvoll, einschliesslich Mitspracherecht trotz klarer Hierarchien – und vor allem mit viel Liebe. Im Einzelnen bedeutet das: Wir sagen bitte, danke, hallo und ciao. Wir unterbrechen nicht, wenn sich andere unterhalten. Wir schreien in der Öffentlichkeit nicht in der Gegend rum und im Restaurant sitzen wir still.

Wieso wir diese Regeln aufstellten? Einerseits, weil ich im Leben zu vielen Menschen begegnet bin, die keine Kinderstube haben. Einer meiner Arbeitskollegen platzte regelmässig in mein Büro, ohne vorher anzuklopfen. Das war sozusagen ein Schlüsselerlebnis. Andererseits durfte ich schon mehrmals Eltern beobachten, die sich trotz aller Liebe ihrer Kinder schämten. So sass ich etwa eines Morgens mit meinem damals etwa dreijährigen Sohn im Café und genoss einen Latte und die Tageszeitung, während der Kleine sein Gipfeli verschlang und gespannt die anderen Cafébesucher beobachtete. Da kam Supermami (wir kannten uns erst flüchtig) mit ihrem damals ebenfalls dreijährigen Attila zur Tür herein und versuchte, sich in die Warteschlange zu stellen. Ich sage versuchte, weil sie es nie bis zur Bestellung geschafft hat. Klein-Attila kletterte gleich beim Eingang auf die Theke und wollte die dort zum Verkauf angebotenen Tassen nach unten bugsieren. Supermami bat ihn mehrmals, sich hinzusetzen und zu warten. Sie befahl nicht (Kinder sind eben so ...), sie bettelte eher. Keine drei Sekunden später stand er in der Schiebetür und hatte Spass daran, dass diese sich unaufhörlich öffnete und wieder schloss – auf, zu, auf, zu ... Es war Winter, die Begeisterung über den frischen Luftstrom hielt sich bei den bis zu diesem Zeitpunkt relaxten Kaffeetrinkern entsprechend in Grenzen. Als Supermami mich entdeckte, meinte sie halb entschuldigend, halb bewundernd (!): „Er ist halt wirklich ein Schlingel!“ Ein Schlingel??? Der kleine Satan war während einer Viertelstunde nicht still zu kriegen, seine Mutter gab entnervt auf und musste das Café unverrichteter Dinge wieder verlassen.

Wir erziehen unsere Kinder nicht nur im Hinblick auf ihre Zukunft, sondern auch für unsere Gegenwart – weil ich meinen Kaffee gerne in Ruhe trinke.

DAS ist der Grund, wieso der Monsieur und ich unsere Kinder erziehen möchten. Wir haben weder Lust, uns für sie zu schämen, weil sie einfach nicht wissen, wie sie sich zu benehmen haben. Noch möchten wir, dass irgendwer eines unserer Kinder als „kleinen Satan“ bezeichnet. Wir erziehen unsere Kinder nicht nur im Hinblick auf ihre Zukunft, sondern auch für unsere Gegenwart – weil ich meinen Kaffee gerne in Ruhe trinke

Traute (Un)Einigkeit

Apropos Erziehung: Es ist ja nicht so, dass der Monsieur und ich uns immer einig sind. Im Grundsatz schon, wir möchten unsere Kinder nämlich zu selbständig denkenden Individuen heranwachsen sehen, die wissen, wie man sich zu benehmen hat, und die Gut von Böse unterscheiden können. So viel zu den Basics. Doch leider reicht es nicht, die Grundlagen zu besprechen und zu definieren, das Leben als Eltern spielt sich im Alltag ab und der legt Fallen. Viele Fallen.

Nehmen wir zum Beispiel die Gesundheit. Der Vater meiner Kinder ist ein Frischluftfanatiker. Er geht für sein Leben gerne raus, wann immer möglich verbindet er Daddy-Zeit mit Natur. (Dass er dabei meistens eine Zigarre raucht, hat mit frischer Luft wenig zu tun, aber lassen wir das.) Am Wochenende wird also spaziert. Bei jedem Wetter. Wenn ihr es in diesem Buch bis hierher geschafft habt, brauche ich euch nicht zu erklären, wie begeistert ich von diesen sonntäglichen Ausflügen bin. Ich hab ja nichts dagegen einzuwenden, wenn es draussen a) sonnig, b) trocken und c) warm ist. Doch wir leben in der Deutschschweiz und da lassen sich die Wochenenden, an denen alle drei Prämissen gegeben sind, in einem Jahr an zwei Händen abzählen. So kommt es immer wieder zu Diskussionen und kleinen Notlügen meinerseits (siehe LÜGENGESCHICHTEN), wenn es um derartige Ausflüge geht.

Ebenfalls uneinig sind wir uns über den TV-Konsum der Kinder. Würde ich nur auf mich hören, dürften die Kleinen sonntagmorgens gerne fernsehen, zumindest bis ich gänzlich aufgewacht bin. Also nach dem dritten Kaffee. Doch nix da, wir haben uns darauf geeinigt, dass sie etwas spielen sollen, bis Mami und Papi ansprechbar sind, denn fernsehen morgens macht sie nämlich zugegebenermassen etwas plemplem. Die Tatsache, dass sie morgens also nun nicht fernsehen dürfen, bringt wiederum den nachmittäglichen Spaziergang in Gefahr, weil sie dann schlecht gelaunt sind und quengeln.

Kompromisse sind im Leben einer Familie die halbe Miete.

Wir mussten also Kompromisse aushandeln, denn das ist im Leben einer Familie die halbe Miete. Wobei der Elternteil, der mehr zu Hause ist, auch mehr Stimmen hat. Je nachdem. Denn bei einem Punkt sind wir uns heute noch nicht einig: Schimpfwörter. Der Monsieur findet es sehr schlimm, wenn ich laut „Scheisse!“ (oder „Merde!“) schreie, beziehungsweise „geil!“ (kein französisches Äquivalent gefunden) sage. Nun lässt sich darüber streiten, ob eine erwachsene

Frau solche Wörter überhaupt noch benutzen sollte, wahrscheinlich nicht. Ich bin aber ein Kind der Achtziger und „geil!“ gehörte damals zu unserem Wortschatz, so wie „scharf!“ etwa das Vokabular meines Vaters schmückt.

Also gebe ich mir alle Mühe, vor den Kindern nicht zu fluchen und auch sonst keine wüsten Wörter zu benutzen. Als Leon dann aber eines Tages im Einkaufszentrum auf dem Rennauto sitzen durfte (ihr wisst schon, so eins, das uns Eltern jeweils einen Franken abluchst, damit es etwas rumeiert), sich völlig unerschrocken aus dem Fenster lehnte und dabei grölte: „Vas-y, roule, connard!“*, da wusste ich, dass wohl nicht unbedingt jede Erziehungsregel von beiden Parteien eingehalten worden war.

Und was hätte die peinlich betroffene, heimlich natürlich aber höchst amüsierte Mutter bitte schön darauf sagen sollen? „Pfui, Leon“ ist irgendwie nicht so fetzig

*Frei übersetzt aus dem Französischen: „Fahr schon, du Vollidiot!“

PiMWp my kid

„Huch!“, denke ich und schaue meiner fast zweijährigen Tochter zu, wie sie sich immer wieder im Kreis dreht und dabei ziemlich betrunken in die Gegend schaut, sobald sie stehen bleibt. Und noch mal. Sie geniesst es, dieses Gefühl, keine Kontrolle über sich zu haben. Mmmh ... Klingt ja nicht gerade nach intelligenzfördernder Aktivität, die mein Kind darauf vorbereitet, mit unserer sich ständig verändernden Welt Schritt halten zu können.

Dank PISA, HARMOS und Co. sind wir Eltern mittlerweile der Meinung, unsere Kinder müssten von Anfang an gezielt gefördert werden. Leider scheint es nicht nur ein Gefühl zu sein, denn laut Statistik steigt der Anteil derjenigen Kinder, die unter Lernschwäche leiden, seit Jahren massiv an. Täglich werden psychische, sensorische oder motorische Störungen festgestellt, Sprachfehler diagnostiziert, und dies bereits im Vorschulalter oder gar noch früher.

Kaum hatten meine Tochter und ich das Krankenhaus verlassen, ging es los: Babyschwimmen, DELPHI, Baby-Yoga, MuKi- und VaKi-Treffs, Pekip, Baby-Englisch usw. Es wird einem alles Mögliche angeboten, um das Kind zu fördern – damit es sich in seinem Körper wohl fühlt, damit es später keine Koordinationsschwierigkeiten hat, damit wir als Eltern lernen, den Körperkontakt herzustellen. (Ich kann euch sagen, als stillende Mutter hat man den Körperkontakt – speziell im Sommer – manchmal sogar etwas satt!) Natürlich übertreffen die USA wieder einmal alles: etwa mit Violinenkursen für Kleinkinder und Biochemie für Einjährige.

Eines haben diese Kurse und Programme alle gemein: Sie arbeiten mit der Angst der Eltern, das wichtigste Zeitfenster in der Gehirnentwicklung ihres Kindes ungenutzt verstreichen zu lassen. Kann es nicht doch früher lesen lernen? Es zählt gerne Klötzchen, was muss ich tun, damit es den Einstieg in die wissenschaftliche Mathematik nicht verpasst? Ernähren wir die Kinder gesund genug? Verwöhnen wir sie zu sehr? Lieben wir sie ausreichend? Mit diesen Ängsten zu spielen, scheint ein neues Business zu sein, und viele Eltern tappen in diese Falle. Die meisten sehen ihre Aufgabe heute darin, ihre Kinder auf schulischen – und später beruflichen – Erfolg zu trimmen.

Es wird mit den Ängsten der Eltern gespielt, und diese tappen in die Falle.

Tatsache ist, dass auch ich nicht davor gefeit bin, mich zu fragen, ob wir genug für die Entwicklung unserer Kinder tun. Natürlich hatte ich mich auch gefragt, ob es normal ist, dass mein Grosser nach ein paar Monaten in der ersten Primarklasse noch immer mit den Fingern rechnete. Oder dass seine kleine Schwester mit neunzehn Monaten immer noch nicht alleine gehen konnte. Und schon sind wir wieder bei den Ratgebern. Die sagen nämlich: ALLE Kinder laufen mit „ca. einem Jahr". Konnte sie aber nicht, noch lange nicht. Die Tatsache, dass sie bereits mit einem Jahr ein Dutzend Kilo wog, machte mir die Sache übrigens nicht leichter. Auch die ständigen Fragen von Nachbarinnen, Verwandten und Freunden – „Kann sie jetzt endlich gehen?" – halfen nicht weiter.

Ich gehöre zu den Müttern, die ihre Kinder nicht bewusst fördern. Ich habe mich nie mit ihnen hingesetzt und die Farben gelernt. Wir machen auch keine Hüpfspiele. Schon gar nicht würde ich mit ihnen auf einen Baum klettern, das sollen sie doch bitte mit ihren Freunden tun. Ich bin eine Verfechterin der Maxime „Kinder lernen alles von alleine, solange sie die Möglichkeit dazu haben". Meistens. Natürlich zweifle ich manchmal an meiner Theorie, gerade wenn meine Kinder bei irgendetwas Spätzünder sind.

In den meisten Fällen geht meine Theorie jedoch auf: Leon lernte zum Beispiel das gesamte Alphabet mit Hilfe eines alten WINNIE-PUUH-Computers, der die Buchstaben nacheinander aufzählt. Emma hingegen konnte eines Tages alle Komplementärfarben anhand ihrer Haargümmeli bestimmen. Woher sie das hatte? Keine Ahnung, wahrscheinlich von ihrem Bruder. Und es beeindruckt mich immer noch, dass meine Tochter bei der ständigen Pirouetten-Dreherei nicht kotzen muss. DAS zumindest hätte ich ihr bestimmt nicht beibringen können

Familienferien

Jedes Jahr aufs Neue durchforste ich Prospekte, die mir wunderbar erholsame Ferien versprechen – an einem paradiesischen Ort. Ferien, in denen gut gegessen wird, die Freizeit für alle bedeuten und nicht viel kosten. Ferien, bei denen die Kinder ihren Spass und die Eltern ihre wohlverdiente Ruhe haben. Jedes Jahr schaue ich sie mir an, die Kataloge der Familienhotels, die all das versprechen ... und stelle mir diese Ferien vor: Robinson-Spielplätze, Kinderdisco, Tandemvelos und Reiterhof. Unmengen kreischender Kinder. Überdrehte Animatoren. Spätestens an dieser Stelle erklingt das Geräusch von zerspringendem Glas – und die Kataloge landen im Altpapier. Jedes Jahr wieder.

Irgendwie schaffen sie es nicht, mich davon zu überzeugen, dass Ferien im Familienhotel elterntauglich sind. Das sind doch einfach Ferien für die Kinder, oder nicht? Freunde von uns argumentieren gern: „Ihr könnt die Kinder ja den ganzen Tag abgeben!" Klar, in die Obhut junger Möchtegern-Tänzer und -Sänger, die uns die Kinder abends völlig überdreht zurückbringen, damit wir sie bettfertig machen, bis sie uns fertigmachen? Und überhaupt sehe ich nicht ein, wieso ich sie überhaupt dabeihaben sollte, wenn ich sie doch den ganzen Tag wieder abgebe. Die Antwort der unermüdlichen Familienhotelbefürworter: „Aber dann, wenn die Kinder schlafen, könnt ihr ein Fünf-Gänge-Menü geniessen!" Natürlich, ganz entspannt, während wir ununterbrochen darauf achten, ob das Babyphon anschlägt, weil sich die Kinder die Seele aus dem Leib kotzen, da sie den ganzen Tag nur Pommes frites und Süssigkeiten gegessen haben ... Ich weiss nicht, wie es euch geht, aber für mich klingt das nicht nach erholsamen Ferien.

Abschreckend finde ich auch die Idee, mit anderen, mir vollkommen fremden Eltern Smalltalk üben zu müssen. Die Themen erklären sich von selbst ... Das dürfte schlimmer werden als ein ganzer Nachmittag mit Supermami, wir reden hier immerhin von mindestens sieben Tagen! Natürlich gibt es auch nette Eltern, aber ich habe schon Freunde. In den Ferien bin ich eher asozial. Und nichts interessiert mich weniger als die Alltagsprobleme fremder Menschen.

Wir haben auch schon mehrfach überlegt, mit Freunden zu verreisen. Wenn da nur nicht deren Kinder wären! Schlechterzogene Gören, die die gesamte Aufmerksamkeit auf sich ziehen – und die eigentlich gute Idee der „Ferien mit Freunden" zu einem Horrorszenario mutieren lassen. Das Problem sind dabei natürlich die Eltern und nicht der Nachwuchs. Wenn die Kinder schon als Baby keine festen Bettzeiten hatten, kann man das später wohl kaum von ihnen erwarten. Anscheinend kann man allgemein nicht viel von Kindern erwarten. Weder, dass sie im Restaurant still sitzen, noch, dass sie gerne Auto fahren, und schon gar nicht, dass sie einfach mal etwas alleine tun. Entsprechend richten sich die meisten Eltern in den Ferien auch nicht nach ihrem Bedürfnis nach Erholung. Faulenzen am Strand, nette Restaurants und gute Gespräche kommen gar nicht erst in Frage. Das Programm lautet vielmehr: „Beschäftigt um Gottes willen die Kinder und haltet sie bei Laune!" Dann kann ich auch gleich wieder ins Familienhotel fahren. Das hätte immerhin den Vorteil, dass auch die Gören unserer Freunde den ganzen Tag ausser Sicht- und Hörweite sind.

Das Programm lautet: „Beschäftigt um Gottes willen die Kinder und haltet sie bei Laune!"

Also fahren wir auch dieses Jahr wieder einmal alleine in die Ferien. Schon mit Kindern, aber nur mit den eigenen. Unser perfekter Ferientag? Ein gemütliches, langgezogenes Frühstück (mit etwas Glück haben die Kinder ausgeschlafen, das heisst bis 7.30 Uhr), gefolgt von Herumliegen am Strand. Während Mama und Papa den letzten NICK HORNBY beziehungsweise STEVE JOBS' Biographie verschlingen, bauen die Kinder in aller Ruhe und ohne zu streiten (!) eine Sandburg. Nach dem Mittagessen ein kleiner Mittagsschlaf und nachmittags wird weiterhin dem *dolce far niente* gefrönt, wenn wir nicht doch einmal Lust dazu haben sollten, uns die Gegend anzuschauen. Abends gehen wir in ein schönes Restaurant (Gourmetküche für uns, SchniPo für die Kids), in dem sich die Kinder total anständig benehmen, und wenn sie im Bett sind, trinken der Monsieur und ich ein grosses Glas Wein und führen lange Gespräche über unsere Kinder und unsere Zukunft.

Na ja, manchmal streiten die Kinder auch den halben Tag lang, während ich mir am Strand einen Sonnenbrand hole. Emma isst dann irgendwann ihren Sandkuchen auf und weint wegen der Bauchschmerzen. Oder Leon verletzt sich beim Velofahren, und der Monsieur verbringt die Nacht über der WC-Schüssel, weil er eine schlechte Auster erwischt hat. Aber nur manchmal.

Da sie es ja nicht anders kennen, finden die Kinder unsere Art der Ferien nie langweilig. Hoffen wir, dass ihnen keiner sagt, wo der nächste Freizeitpark zu finden ist!

Und, schöne Ferien gehabt?
Mmh, wir waren mit einer befreundeten Familie am Meer...
coffee

DU BIST EINE RABENMUTTER

wenn du deinem Kind die Gute-Nacht-Geschichte verweigerst unter dem Vorwand, es habe getrödelt und müsse als Strafe deshalb direkt ins Bett. (Nur, weil du müde bist und einfach keine Lust mehr hast, die BARBAPAPAS zum 3849. Mal vorzulesen.)

Morgenstund ...

Manchmal wünsche ich mir einen Beantworter. Keinen Anrufbeantworter, einen Kinderfragenbeantworter. Vor allem für Fragen, die frühmorgens, vor dem ersten Kaffee kommen: Es ist 7.15 Uhr, der Monsieur darf ausnahmsweise noch etwas liegen bleiben. Ich stehe mit meinem Grossen auf und mache ihm das Frühstück. Ohne Worte. Denn obwohl ich als kommunikativ gelte, gibt es eine Tageszeit, zu der man meine Stimme nicht – oder nur wenn unbedingt nötig – zu hören bekommt: frühmorgens. Wenn ich also reden muss, dann erst nach einem starken Kaffee. Oder zwei.

Es gibt eine Tageszeit, zu der man meine Stimme nicht zu hören bekommt: frühmorgens.

Leider wird diese Tatsache von meinen Kindern vollkommen ignoriert. Das merke ich daran, dass sie mich frühmorgens schon volllabern (das meine ich extrem liebevoll). Leon erzählt mir, was er geträumt hat, wen er mag und wer nicht mehr sein Freund ist. Emma hingegen zählt ihre Stofftiere auf und teilt mir mit, wo jedes Einzelne zu finden ist – und das ebenfalls gerne vor 7.30 Uhr. Alles gut und schön, da könnte ich ja einfach zuhören oder zumindest so tun als ob.

Schlimm – und damit meine ich schmerzhaft – sind die Momente, in denen konkrete Fragen an mich gestellt werden, die ich dann ja wohl zu beantworten habe. So geschieht das auch an ebendiesem Morgen, als der Monsieur liegen bleiben darf. „Mami, wie gefährlich sind eigentlich Affen?“ Wow, dann auch noch eine Frage aus der Sparte LEXIKON DER WILDEN TIERE! Gar nicht mein Gebiet. An Grausamkeit kaum zu überbieten. Um

Zeit zu schinden und weil ich einfach keinen blassen Schimmer habe, wo ich anfangen soll, frage ich naiv „Wie meinst du das?“ Mein Fehler. „Na, was machen Affen mit anderen Affen, wenn sie sauer sind? Beissen sie? Fressen sie andere auf?“ Vor meinem inneren Auge sehe ich zwei Paviane, die sich gegenseitig kannibalisieren. Mir wird ein bisschen übel. Und ich antworte mit der schweizerischsten aller Antworten: „Es kommt darauf an. Aber weisst du was, du musst dich jetzt anziehen und in die Schule gehen.“

Uff, das ist noch mal gutgegangen. Morgen früh muss der Monsieur aber wieder Frühstück machen. Oder jemand erfindet endlich den Kinderfragenbeantworter

Prinzipien

Das Leben zeigt uns manchmal, dass alles anders kommt, als man denkt (siehe „Regeln des wahren Lebens"). Obwohl vieles nicht so ist, wie wir uns das vorgestellt haben, gibt es dennoch gewisse Prinzipien, die wir einhalten – einhalten MÜSSEN, um nicht verrückt zu werden. Es wäre bestimmt praktischer gewesen, alles und jedes kindertauglich zu gestalten, aber ich brauche meine elterntauglichen Freiräume. Diese sehen wie folgt aus:

1\. Im Auto gibt es weder Kindermusik noch Chaschperli, sonst gäbe es regelmässig eine Tra-tra-tragödie im Strassenverkehr! Den Kindern haben wir weisgemacht, dass ihre CDs in unserem Wagen nicht funktionieren. Jetzt denken sie zwar, wir hätten ein popeliges Auto, aber sie lassen uns mit dem Kindergequäke in Ruhe.

2\. Im Auto wird auch kein DVD-Player für lange Reisen installiert, die Kinder sollen gefälligst die Landschaft geniessen!

3\. Gewisse Orte im Haus mussten zwar der Kindertauglichkeit halber verunstaltet werden, doch weigere ich mich nach wie vor, rutschfeste, bunte Fische auf den Badewannenboden zu kleben.

4\. Wir haben nie ein Extrabett in unser Schlafzimmer gestellt, damit die Kleinen bei uns übernachten können. Wozu haben wir denn sonst die schönen Kinderzimmer eingerichtet? (Vor nächtlichem Besuch gefeit sind wir deswegen noch lange nicht, siehe nächstes Kapitel.)

5\. Ich habe nie die Reste des Babybreis aufgegessen. Derartige Nahrung mag für Babys das Richtige sein, aber etwas, das aussieht, als sei es bereits verdaut, kann nichts für einen erwachsenen Menschen sein.

6\. Eltern von Kleinkindern holen gerne ihren Liebling ungefragt ans Telefon. Liebe Eltern, tut es nicht! Nur die Grossmütter können sich für das unverständliche Gebrabbel – oder noch schlimmer: minutenlange Schweigen – begeistern. Alle anderen finden es nur nervig oder langweilig!

7\. Der Spielplatz ist der Friedhof der Coolheit. Hier tun wir Mütter immer angestrengt lächelnd so, als könnten wir uns wirklich für die Fortschritte unserer Sprösslinge begeistern, während wir uns zu Tode langweilen. Ganz konnte ich ihm nicht aus dem Weg gehen, ich kann dessen vorsätzliche Besuche aber an einer Hand abzählen. Und wenn schon Spielplatz, dann natürlich nur mit angegliedertem Café.

8\. Meine Kinder haben absolutes Auf-mir-rumkletter-Verbot. Wenn sie klettern wollen, sollen sie auf den Spielplatz – einfach nur nicht mit mir.

9\. Was mein Aussehen betrifft, konnte ich nicht viele Prinzipien durchsetzen (siehe DU BIST MUTTER, WENN ...).

Aber ich habe weder eine praktische Frisur, noch besitze ich einen Rucksack oder eine Bauchtasche. Gewisse Dinge sind einfach heilig, Haare und Handtaschen gehören dazu!

10. Der wichtigste Punkt überhaupt: Ich nenne meinen Mann nicht „Papi". Nie. Die Erotik lässt bei uns Eltern so schon zu wünschen übrig, wir müssen es nicht noch schlimmer machen!

Die Einhaltung dieser zehn Grundsätze verhindert oftmals den totalen Zusammenbruch oder ein allzu langes Bad in Selbstmitleid. Damit kann sich Mami immer noch als Mensch fühlen und zumindest so tun, als sei nicht ihr ganzes Leben kindertauglich eingerichtet. Ich kann das Aufstellen einer solchen Liste also nur empfehlen

Ü30
PARTY
GENUSS
NEU
LEICHT

Romantische Traumferien zu zweit
MALEDIVEN

DU BIST EINE RABENMUTTER

wenn du den H&M-Gutschein, den dein Sohn zu Weihnachten gekriegt hat, für eigene Kleider verwendest.

Nachtwanderungen

In all den Foren und Internetseiten, die mein Leben begleiten, taucht immer wieder ein Thema auf: das Familienbett. Ich wusste nicht, dass meine Rückenschmerzen, mein nächtliches Fast-aus-dem-Bett-Purzeln oder das doppelte Schnarchen von Mann und Kind eine Bezeichnung haben. Haben sie aber: Familienbett – und das wird heftig diskutiert.

Wie bereits an anderer Stelle erwähnt, hatte Leon zwar von Anfang an sein eigenes Bett im eigenen Zimmer (es soll ja Familien geben, die Kinderbetten abgeschafft haben – für uns völliger Wahnsinn!), doch wanderte er schon immer gerne in unser King Size, zumindest seit er gehen kann. Meistens bemerken wir seine Anwesenheit erst frühmorgens, wenn wir uns verschlafen fragen, wieso wir uns so zerknittert fühlen. Aus dem kleinen Wonneproppen ist inzwischen nämlich ein ausgewachsener Siebenjähriger geworden, der seine schlaksigen Beine gerne quer über seine Eltern legt. Er braucht, kurz gesagt, sehr viel Platz. Doch des Nachts sind wir einfach zu müde, um ihn zurückzutragen, ausserdem bleibt er morgens länger liegen, wenn er bei uns ist.

Nun fragen wir uns schon, ob das gut ist: Tötet es die eheliche Libido, die Kinder jede Nacht bei sich zu haben? Oder rückt am Ende die Familie enger zusammen? Verwöhnen wir unsere Kinder zu sehr, wenn wir ihnen die (Schlafzimmer-)Grenzen nicht aufzeigen? Oder fühlen sie sich geliebter, weil sie immer bei ihren Eltern sein dürfen? Mir gefällt die Theorie, dass Kinder tagsüber so damit beschäftigt sind, unabhängig zu werden, dass sie es nachts einfach lieben, sich an Papi und Mami kuscheln zu dürfen, und ihre eigentliche Abhängigkeit auf diese Art zelebrieren. Aber was ist mit den Kindern, deren Eltern nicht so faul sind und die von Anfang an zurück in ihr Bett gebracht werden? Die werden doch genauso unabhängig und deren Eltern lieben sie doch auch!

Wahrscheinlich ist es mit dem Familienbett wie mit allem anderen auch. Jede Familie soll ihr Bett so handhaben, wie sie das für richtig hält. Und ich finde mich damit ab, ein paar Nächte die Woche ins Gästezimmer auszuwandern, weil einfach nicht genug Platz für uns – mittlerweile vier! – ist. Seit Emma ebenfalls selbst aus ihrem Bett kann, weiss ich, wie sich eine Sardine in der Büchse fühlen muss

Lügengeschichten

Es gibt Momente im Leben einer Mutter, die ohne kleine Notlügen nicht auskommen. An gewissen Tagen kann mir eine kleine Schummelei das Leben – oder zumindest die Laune – retten! Was ich dem Monsieur schon vorgeflunkert habe:

„Ich bin heute Nacht siebenmal aufgestanden!“ (Eigentlich war es nur zweimal, aber sein schlechtes Gewissen wird ihn dazu bringen, die nächste Nachtschicht zu übernehmen.)

„Wir waren heute ganz lange spazieren.“ (Einmal ums Haus. Doch da Emma alle paar Zentimeter stehen bleibt, kam es mir wie eine Ewigkeit vor.)

„Diese Idioten von der Reinigung hatten deinen Anzug doch nicht fertig.“ (Ich hab's gar nicht bis dahin geschafft. Ich hab mich beim Kaffeetrinken mit einer Freundin verquatscht. Als ich endlich zur Reinigung kam, war sie schon geschlossen.)

„Die Kinder wachsen so schnell, sie brauchen dauernd neue Kleider!“ (Und diese Hose war einfach zu cool! Ausserdem habe ich mir auch gleich ein paar neue Teile gekauft ...)

„Die Ärztin hat gesagt, ich solle ihr die Zahnkügelchen über längere Zeit geben. Sie nehmen ihr den Schmerz.“ (Ausserdem schläft sie damit eher durch, denn die Globuli enthalten hauptsächlich Kamille.)

„Ich MUSS Oropax benutzen, du schnarchst so wahnsinnig laut! Ich kann nichts dafür, wenn ich die Kleine dann nicht mehr höre.“ (Weitere Erklärungen überflüssig.)

Meine Mutter liess mir schon als Teenager keine Chance, heute geht das Lügen auf einer anderen Ebene weiter:

„Keine Sorge, der Kleinen geht es wieder gut. Sie kommt sicher gerne zu dir.“ (Sie hat immer noch Temperatur, aber das kriege ich kurzfristig mit einem Zäpfchen runter und kann dann in Ruhe shoppen gehen.)

„Ich muss ganz kurzfristig zu einer wichtigen Sitzung, kannst du die Kinder nehmen?“ (Die Masseurin hatte nur noch heute einen Termin frei, und die Kinder sind gerade totale Nervensägen!)

„Wir gehen jetzt, ich muss noch kochen.“ (Eigentlich habe ich schon auf dem Hinweg entschieden, bei MCDONALD'S zu essen.)

„Ich kann jetzt nicht telefonieren, ich muss arbeiten.“ (... oder GREY'S ANATOMY schauen.)

„Nein, du kannst nicht mit in die Ferien kommen, das Haus hat keine Heizung.“ (Und ich keine Nerven, dich eine Woche lang zu ertragen.)

Und dann gibt es die vielen Lügen, die wir unseren Kindern auftischen. Extremsituationen verlangen eben manchmal nach extremen Massnahmen:

„Was, die ZAHNFEE hat dir nichts gebracht? Wahrscheinlich hat sie Angst gekriegt, weil Papa so laut schnarcht!" (Verdammt, wir haben es vergessen!)

„In deiner Spardose sind auf einmal Noten und keine Münzen mehr? Vielleicht war es der Dose zu voll im Bauch!" (Die Zahnfee brauchte das Kleingeld!)

„Du darfst ausnahmsweise einen Film schauen, während Papa und ich einen Mittagsschlaf halten." (Was soll ich sagen, abends sind wir einfach meist zu müde ...)

„Die Schokolade vom SAMICHLAUS ist weg? Das muss der SCHMUTZLI gewesen sein!" (Was sollen wir denn tun, wenn abends sonst keine Süssigkeiten im Haus sind?)

„Die Badi hat heute geschlossen." (Keine Lust auf laute Kinder und schlanke Mütter.)

Natürlich lügen wir Mütter auch Lehrer, Krippenleiterinnen und Nachbarinnen an. Und zwar immer dann, wenn wir den Znüni, die Turntasche oder den Autositz vergessen haben. Was sollen wir denn sonst tun? Etwa Supermami gegenüber zugeben, dass die Kinder in unseren Gedanken nicht immer Priorität haben? Eben

Die Präsentation dauert noch etwa eine Stunde, dann hole ich die Kleinen wieder ab!
Ciao Mamma, danke!

Re§eln des wahren Lebens

Die guten Vorsätze frischgebackener Mütter sorgen bei den alten Hasen immer wieder für Belustigung. Vor der Geburt schwören sie, dieselbe zu bleiben. Keine von ihnen hätte je geglaubt, dass sie schon bald in der Öffentlichkeit deutlich hörbar Sätze wie „Häsch Pipi gmacht?“ sagen oder sich bei McDonald’s die Rohrrutsche raufquetschen würde, um den eigenen Nachwuchs zu retten, der steckengeblieben ist. Ich muss gestehen, dass ich vor der Geburt meiner Kinder genauso naiv war. Ich ging ebenfalls davon aus, dass sich mein Leben überhaupt nicht verändern würde. Und schon gar nicht gewisse Prinzipien, auf denen ich ritt, lange bevor ich Kinder überhaupt in Betracht zog. Meine mentale Liste der idealen Regeln für das Zusammenleben von Eltern und Kindern sah in etwa so aus:

REGEL NR. 1

Auf keinen Fall zulassen, dass sie in unmöglichen Farbkombinationen rumlaufen, bloss weil mir die Diskussionen bezüglich guten Stils morgens um 7.00 Uhr zu anstrengend sind. Mein Kind zieht gefälligst an, was ich sage!

Das wahre Leben: Mein Sohn steht darauf, sein T-Shirt in die Hose zu stopfen und sich den Hosenbund möglichst über den Bauchnabel zu ziehen. Zudem trägt er Socken in den Sandalen. Na ja, man kann seine Gene nicht leugnen – womöglich sind bei ihm diesbezüglich ebenjene seines deutschen Grossvaters dominant. Oder aber dahinter steckt der keimende Wunsch, eines Tages „Polizischt“ zu werden.

REGEL NR. 2

Nie, unter keinen Umständen denken, geschweige denn sagen: „Mein Sohn nervt mich“, oder: „Meine Tochter ist eine solche Zicke!“ Es sind doch noch Kinder, das gehört nun mal dazu!

Das wahre Leben: Ich habe schon so viel Schlimmeres gedacht, dass ich mich hier gleich selbst zensieren muss.

REGEL NR. 3

Auf keinen Fall sofort die chemische Keule schwingen, wenn das Baby über 38°C Fieber hat, nur damit die Nacht ruhig verläuft. Es lieber vorher mit Essigsocken und Zwiebelwickeln probieren, es geht schliesslich nicht um meine Nachtruhe, sondern um Babys Gesundheit.

Das wahre Leben: Meine Nachtruhe geht eben doch (fast) über alles. Und sie dient wiederum der Gesundheit des Babys. Also Zäpfchen rein und gute Nacht.

REGEL NR. 4

Kein TV vor dem fünften Lebensjahr, ein Kind soll sich selbst beschäftigen können! Das wahre Leben: Danke, TINKY WINKY, BOB, TIMMY, DIEGO und Co! Wie sonst käme ich je in Ruhe zum Duschen?

REGEL NR. 5

Meine Ferien sind mir heilig. Ich nehme doch keine Rücksicht auf die Bedürfnisse der Kleinen! Die sollen sich gefälligst anpassen – nicht wir!

Das wahre Leben: Wie haben seit Jahren kein Busch-Abenteuer mit Rucksack mehr erlebt! Schoppen und Windeln sind einfach nicht trampertauglich.

REGEL NR. 6

Gesund essen! Mein Kind kriegt im Restaurant kein SchniPo. Süssigkeiten sind ebenfalls tabu, ausser zum Geburtstag.

Das wahre Leben: Der Speiseplan umfasst in der Tat mehr als nur SchniPo: Manchmal gibt es auch Pasta oder Pizza! Und Schoggi-Glace zum Dessert ...

REGEL NR. 7

Über Bettzeiten wird nicht verhandelt. Dafür gibt es jeden Abend eine Gute-Nacht-Geschichte.

Das wahre Leben: Ehrlich? Die Bettzeit wird jeden Abend diskutiert. Und die Geschichte von MOGLI und BAGHIRA verfolgt mich bis in meine wohlverdiente Nachtruhe. Kein Wunder, habe ich sie doch erst 465-mal vorgelesen. „Noch mal! Noch mal!“

REGEL NR. 8

Waffen kommen mir nicht ins Haus! Und: Ob Sohn oder Tochter, ich erziehe meine Kinder genderneutral!
Das wahre Leben: Sohnemann macht aus allem ein Gewehr. Gurken, Äste, Klopapierrollen: Alles musste schon herhalten, damit er – päng, päng – von ohrenbetäubendem Lärm begleitet durchs Haus stürzen und RAMBO spielen kann. Und seine Schwester? Von wegen genderneutral: Sie mutiert zu LARA CRÖFTCHEN mit Haarspängeli!

Fazit: Man darf sich vor dem ersten Kind einfach nicht so viel vornehmen – denn erstens kommt es anders, und zweitens als man denkt

Sturmfreie Bude

Eine Regel gibt es, an der wir sehr hängen und bei der wir uns alle Mühe geben, sie einzuhalten: Mit gewisser Regelmässigkeit brauchen wir einen Abend lang (mit viel Glück wird sogar eine Nacht daraus) sturmfreie Bude. Was früher bedeutete, dass die Eltern ausflogen und uns Teenager erlaubten, ganz alleine Entscheidungen zu treffen darüber, was wir essen würden, ob wir ausgehen oder einen Horrorfilm sehen und vor allem, wann wir ins Bett wollten, bedeutet heute als Eltern: Die Kinder sind ausgeflogen (sprich: sicher untergebracht bei Grosseltern o.ä.), wir entscheiden selbst, wo, was und wann wir zu Abend essen (und nicht um Punkt 19.00 Uhr, weil die Kleine sonst quengelt und der Grosse zu spät ins Bett kommt). Und nicht zuletzt verfügen wir über den grössten Luxus als Eltern überhaupt: wählen zu können, ob und bis wann wir ausgehen! Wobei sich das Ausgehen meist auf den vorherigen Punkt beschränkt, nämlich das Essen. Nur dass es diesmal im Restaurant stattfinden darf. In einem Restaurant, das keine Spielecke besitzt, auf dessen Karte kein Kindermenü zu finden ist und in dem wir so lange sitzen können, wie wir wollen – und aus dem wir uns nicht gezwungen fühlen zu gehen, weil uns der Kellner mit fiesen Blicken dazu auffordert, nachdem er zum fünften Mal wahlweise Gabel, Messer, Glas oder den Stuhl unserer Tochter vom Fussboden aufgehoben hat. Kurz: Wir sind unter Erwachsenen.

Und obwohl dies kein Ratgeber sein soll, möchte ich allen Eltern nahelegen, sich regelmässig solche Inseln zu schaffen. Ich weiss, es ist manchmal organisatorisch ein solch riesiger Aufwand, dass man sich oft, zu oft, fragt, ob sich dieser lohnt, nur um einmal alle paar Monate fein zu essen und zu trinken, oder sonst einfach ohne die lieben Kinderlein zu sein. Die Antwort ist eindeutig: Es lohnt sich! Es lohnt sich, stundenlang rumzutelefonieren, bis eine Grossmutter, eine Freundin oder ein bezahlter Babysitter die Zeit findet, sich um eure Kids zu kümmern. Es lohnt sich auch, den Kinderkoffer zu packen, und zwar für alle Eventualitäten, inklusive Fieberzäpfchen und Hustensirup (nicht, dass der langersehnte Abend wegen eines Wehwehchens abgebrochen werden muss). Und es lohnt sich vor allem, die Kinder über Nacht abzugeben, damit auch das Ausschlafen garantiert ist. (Dass man mit der Zeit gar nicht mehr weiss, wie das Ausschlafen funktioniert, ist ein anderes Thema.)

Einen einzigen Haken gibt es dabei: Bei diesen Zweisamkeitsdates hängt der unausgesprochene Druck in der Luft, endlich wieder mal Sex zu haben. Wenn man schon den ganzen Aufwand betrieben hat, muss es sich schliesslich auf allen Ebenen lohnen. Und so finden sich Elternpaare im Schlafzimmer wieder, nachdem sie zu viel gegessen und getrunken haben, und denken, sie müssten jetzt auch noch eine akrobatisch einwandfreie Nummer hinlegen, um das Feuer wieder zu entfachen. Was sie viel lieber tun würden, ist in vielen Fällen ganz naheliegend: schlafen. Sie wissen ja eigentlich, dass im Kinderzimmer kein S t ö r f a k t o r schlummert, der sie mitten in der Nacht wecken wird. Sie wissen, dass der nächste Morgen nicht mit einem „Maaaaamiiii, Schoooopppppeeeeeen!“ beginnen wird. Also wären sie doch schön blöd, wenn sie das nicht sofort ausnutzen und den wohlverdienten Schlaf einfordern würden. Derselbe fehlende S t ö r f a k t o r spricht jedoch auch für leidenschaftlichen (und mit leidenschaftlich meine ich vor allem lauten) und ungestümen Sex, hier und jetzt!

Was auch immer ihr tut, tut es regelmässig, es lohnt sich! Nach einem solchen Abend ist man erstens froh, die Kinder wiederzusehen (denn ja, man hat sie doch etwas vermisst), und zweitens freut man sich schon auf das nächste Date

DU BIST EINE RABENMUTTER

wenn du dein Kind, nie, NIE beim Essen auf deinen Knien sitzen lässt, auch wenn es keinen Kinderstuhl gibt.

Eingeschränktes Mutterglück

Mütter jammern gerne, ein paar Rabenmütter bauen sogar ihre Karriere darauf auf: Sie bloggen, schreiben Bücher und teilen auf diese Weise der Welt mit, dass Kinder nicht nur glücklich machen ... Für Kinderlose ist es manchmal entsprechend schwierig nachzuvollziehen, wieso man überhaupt Kinder haben sollte. So geht es auch meiner Freundin Annabelle, die mich eines Tages fragte, was denn so toll daran sei, Kinder zu haben. Mmh ... Es gibt kaum eine Frage, über die ich so lange nachgedacht habe wie über diese.

Nach einem Tag, an dem dein Kind im Trotzalter während Stunden gestänkert hat und du alles versucht hast, es zufriedenzustellen, fragst du dich nämlich schon, was das eigentlich soll. Wieso haben wir uns das angetan? Ich bin jetzt mal so ehrlich und gestehe, es gibt Momente im Leben einer Mutter, in denen sie sich fragt, ob sie nicht besser ihre Karriere mit Vollgas verfolgt hätte, statt Muttertier zu spielen. Wo wäre ich heute, hätte ich keine Kinder bekommen?

Und dann kommt der Moment, in dem du abends zu Bett gehst und noch schnell nach den Kleinen schaust. (Es könnte ja sein, dass Emma aus dem Bett gefallen ist und du Rabenmutter merkst es erst am nächsten Morgen.) Wie sie so daliegen, vollkommen unschuldig, ihre Halskuhle riecht nach Milch und diesem ganz eigenen Babygeruch (der sich, wenn man der Nonna glauben will, bis ins Erwachsenenalter nicht verändert) – in diesem Moment bricht die totale Amnesie über dich herein und du vergisst alles! Die Geburtsschmerzen, die schlaflosen Nächte und den nervigen und anstrengenden Tag, den du hinter dir hast, sowieso. Denn seitdem deine Kinder da sind, ging in dir etwas auf, was du vorher nicht gekannt hast: pures Glück. Uneingeschränkte Liebe. Vollkommene Hingabe.

Dieses Glück, Kinder zu haben, mag manchmal durch den Alltag etwas ausser Acht geraten, doch es bleibt ein Glück. Eins mit grossem G.

Du kannst leidenschaftlich geliebt haben in deinem Leben, vielleicht wärst du (theoretisch) für deinen Liebsten gestorben, vielleicht hast du stundenlang vor seiner Haustüre gewartet, bis er endlich rauskommt, oder monatelangen Telefonterror betrieben, weil du nicht loslassen wolltest. Doch noch nie empfandest du diesen Instinkt, der dich jeden niedermetzeln lassen würde, der deinem Kind etwas zuleide tun will. Dieser animalische Drang, dein Baby zu schützen, komme, was wolle: Mitunter ist das auch ein beängstigendes Gefühl. Es heisst nicht umsonst M u t t e r t i e r. Es gab Nächte, als Leon noch ein Säugling war, da habe ich mir gewünscht, wieder alleine zu sein, um nicht mehr so verletzlich dieser bösen, bösen Welt ausgeliefert zu sein, in der böse, böse Menschen meinem Baby etwas antun könnten. (Stillhormone machen aus dir eine pathetische Kuh, aber das Grundgefühl bleibt.)

Doch abgesehen von der Angst, ist dieses Gefühl der uneingeschränkten Liebe ein überwältigendes! Du fühlst es natürlich nicht nur dann, wenn du dein schlafendes Kind betrachtest, sondern auch in völlig unerwarteten Momenten: Wenn es etwas Neues gelernt hat und du vor Stolz platzen möchtest. Wenn es dich unerwartet umarmt und sagt, dass es dich liebhat. Und nicht zuletzt, wenn du feststellst, dass es einen eigenen Charakter entwickelt und jeden Tag selbständiger wird.

Dieses Glück, Kinder zu haben, mag manchmal durch den Alltag etwas ausser Acht geraten, doch es bleibt ein Glück. Eins mit grossem G

Dank

Darauf habe ich mich schon lange gefreut: Endlich kann ich mich bei den Menschen bedanken, die mir geholfen haben, dieses Buch zu schreiben. Als Erstes bei meinem Mann: So abgedroschen es klingt, ohne dich gäbe es RABENMUTTER nicht. Ohne dein Verständnis und deine Wochenendeinsätze, ohne deine Ideen und deine immer konstruktive Kritik hätte ich diese Geständnisse nie zu Papier bringen können. (Ohne deine Erlaubnis übrigens auch nicht.) Aber das könnte ich eigentlich zu allen sagen, die mich unterstützt haben: Ohne euch gäbe es dieses „Baby“ ganz einfach nicht: Danke also meinen Kindern, die viel Geduld für ihre Rabenmutter aufbringen; meiner Mutter, die immer an mich geglaubt hat und x-mal notfallmässig als Babysitterin eingesprungen ist, damit ich schreiben kann; meinem Vater, dessen Liebe für die deutsche Sprache meine eigene Leidenschaft dafür entfacht hat. Lea, Sandy, Martina, Irene, Simone, Yvonne: Ohne eure Geschichten wäre dieses Buch nur halb so witzig – und halb so dick.

Walde + Graf, danke für euren Mut und euer Vertrauen. Miriam, deine Inputs sind Gold wert. Den LeserInnen von RABENMUTTER.CH ein Dankeschön für eure Treue. Kati, du hast die Rabenmutter-Familie total durchschaut, danke!

DAS MAGAZIN

Nathalie Sassine-Hauptmann ist freie Journalistin und Redaktorin. Sie schreibt und bloggt unter anderem für das Schweizer Familienmagazin WIR ELTERN und behandelt auf rabenmutter.ch Familienthemen, seit sie diese am lebenden Objekt studieren kann, also seit ihrer ersten Schwangerschaft. Mit ihrem Mann und den zwei Kindern lebt sie in der Nähe von Zürich.

Kati Rickenbach, geboren 1980 in Basel, zeichnet als Illustratorin am liebsten Comics. Sie lebt in Zürich und arbeitet im STRAPAZIN-Atelier.

Ihr erstes Buch FILMRISS erschien 2007 bei der EDITION MODERNE, wo soeben auch ihre neuste Publikation JETZT KOMMT SPÄTER herausgegeben worden ist ...

DU BIST EINE RABENMUTTER

wenn du dich auf deinen Arbeitstag freust, einfach weil die Kinder dann mal weg sind.